UNKO

スペイン内戦からウクライナ戦争まで

「正義の戦争」は嘘だらけ！

ネオコン対プーチン

渡辺惣樹
福井義高

WAC

はじめに――「プロパガンダ報道」に惑わされないために

渡辺惣樹

筆者は、二〇二二年二月二十四日から始まった、ウラジーミル・プーチン大統領のウクライナ「侵攻」の決断に驚かなかった。「アメリカが何かしかけたな」という感覚であった。この思いについては戦争勃発直後の討論番組や対談番組（＊1）の中で披瀝した。

一九四一年十二月八日（米国時間）、真珠湾攻撃の報を聞いたハーバート・フーバー前大統領も、「ルーズベルトが何かやらかしたな」という感覚をもったらしい。自著『裏切られた自由』（＊2）の中でそう書き残している。筆者のウクライナ戦争勃発を聞いた時の思いはフーバー大統領の八十年余り前のその感覚に近かったに違いない。

筆者に似た感想を持ったものはアメリカの「真の」保守派には多かった。彼らは、バイデン政権に舞い戻ったビクトリア・ヌーランド国務次官を筆頭にするネオコンサーバティブ（通称ネオコン）の過去の対ロシア外交の悪行を知っていた。似非保守であるネオコンは、戦争を嫌うトランプ政権では排除されていた。そうした彼らや彼女らが大挙してバイデン政権に再登用されたのである。

ネオコンについてはここで詳述する紙幅はないが、要するにソビエト崩壊後における世界を「米国一極覇権主義に基づいて支配する」考えを持つ勢力である。親米政権を樹立するためには手段を選ばない。先制攻撃も許されるし、国連の関与も不要だと考える。

彼らは、ネオコン（新保守主義）と呼称されるが、けっして保守主義者ではない。彼らのルーツは世界革命思想家レフ・トロツキーにあり、世界統一政府による世界の「人民」のコントロールを目指している。（＊3）

彼らは、三十年近い長い年月をかけて米共和党・民主党両党内に根深くそして幅広く浸透し、米外交を牛耳ってきた。ブッシュ（子）政権ではイラクを荒廃させ（イラク戦争）、オバマ政権ではカラー革命と称して中東の民族主義国家を混乱させ、そして転覆させた。その典型がリビアのカダフィ大佐の殺害であった。

ネオコンはその余勢をかって、シリアのアサド政権の転覆をはかったが失敗した。失敗の主たる原因は、アサド政権を維持するとロシアが明確にし、支援したからである。プーチン大統領は、カラー革命の動きを注意深く観察していた。観察するだけで、混乱させられる政権の支援には動かなかった。しかし、シリアでは、ネオコンの予想に反してプーチンはネオコンにはもはや好き勝手にさせないと決め動いたのである。プーチンが動いたことで、対リビア戦争では嬉々として空爆に参加した英仏もフリーズした。ネオコンは、シリアの政権交代に失敗した。

二〇一七年に発足したトランプ政権は、対露協調外交をとり、中東不安定化の主要ファクターであったISIS（イスラム国）を米露の協調で排除した。アサド政権転覆に、ネオコン外交の前線部隊であるCIAはシリア反政府勢力をひそかに支援していた。反政府勢力の中心がISISであった。それがトランプ・プーチンの協調外交で壊滅した。

こうした経緯からも明らかなように、世界一極覇権の完成を狙うネオコン勢力にとっての最大の敵は、非干渉主義に立つトランプ大統領であった。しかし、ネオコン勢力にとって好都合なことに、民主党の謀略的選挙不正（＊4）によってトランプ大統領は再選を果たせなかった。不正選挙で生まれたバイデン政権では、野に下っていたネオコン官僚が政権中枢に再登用された。ネオコン官僚の筆頭格が、国務省の実質ナンバーツーとして返り咲いたビクトリア・ヌーランドだった。

ヌーランドは、二〇一四年のウクライナ革命（マイダン革命）では、デモ隊の先頭になって反政府運動の旗振り役を務めていた。そんな人物が国務省ナンバーツー、つまり事務方のトップになれば、アメリカの対ウクライナ外交（実質は対ロシア外交）がいかなるものになるかは火を見るよりも明らかだった。

だからこそ多くの「真の」保守主義に立つ知識人は、ゼレンスキー政権のネオナチグループを利用したロシア系住民の迫害で、プーチンがその救済に動かざるを得ないと読んでいたのである。そうした読みがあったからこそ、「ネオコンが何かやらかしたに違いない」と疑ったのである。

トルコのエルドガン大統領は怪しいネオコン外交を察知していた。二〇二二年一月から両国首脳に積極的にコンタクトし、プーチン大統領に軍事侵攻を思いとどまらせるよう懸命に説いた。ネオコンの罠にはまらないように訴えた。しかし、プーチン大統領は動かざるを得なかった。ロシア系住民への迫害をこれ以上放置することは民族主義者の彼にはできなかったし、座視すれば国民の支持も離れてしまうからである。

ここまでがウクライナ戦争を語るための基礎知識である。ところが、日本の保守系知識人の中には、プーチンのウクライナ侵攻の報を聞くや、問答無用でプーチン批判を始めた。そして、西側メディアのロシア軍の「残虐非道」の報をそのまま信じた解説を続けたのである。テレビや新聞は、ロシア専門家と称する大学教授らを登場させ口汚くプーチン批判を展開した。しかし、彼らには上記で述べた基礎知識に欠けていた。その結果、戦争を善と悪の二元論で裁く、一般人にはわかり易いが考察の浅いリアリストの視点を欠く論評が溢れてしまったのである。

福井義高教授は、私と同様に近現代史の研究家であり、米国外交（ネオコン）の狡猾さを熟知している。同時にヨーロッパ諸国の歴史にも精通しており、彼らの狡さにも詳しい。右記に示した基礎知識を共有していたことは言うまでもない。

ウクライナ情勢を数カ月にわたたって分析解析する対談となったが、いま読み返しても互いの分析に狂いはなかったと思っている。一般的に、対談では互いの視点が若干ずれるのが普通である。しかし、今回の対談では福井教授の視点と私のそれにはほとんど差がないように思えた。

この数カ月にわたって、新しいニュースや論説を発見するたびに情報を交換し、分析のツールを共有してきた。それは編集担当者にも伝えられた。その結果、対談の切り口にはブレがなく、プロパガンダ報道に惑わされない内容になったと思っている。

福井教授は、英語だけでなくロシア語や独仏語などにも精通している。そうしたこともあって、私の目の通していない文献も数多く紹介していただいた。それが、この対談を質の高いものにしてくれたのだと思っている。

本書出版の時点では、ウクライナ戦争の帰趨《きすう》は確定していない。しかし、今後どのような展開になろうとも、読者には、歴史観の欠けた、あるいは米国ネオコン外交に疎い一般メディアの解説とは違った価値ある視点を提供できたのではないかと考えている。

尚、本書は、二〇二二年に月刊誌Ｗ：ｉＬＬに連載された福井義高先生との対談に大幅加筆などをして再編集して一冊にまとめたものである。現在進行形の事象を、歴史を通じて語る（解説する）狙いで始まった企画だったが、話題の中心は二月二十四日から始まったウクライナ戦争となった。いまから思うと、この企画にタイミングを合わせたかのように始まった戦争であった。

＊１：例えば二〇二二年三月三日収録の未来ネット「言わんかな＃57」(https://www.youtube.com/watch?v=aKlypw0pJeE：二〇二二年三月三日）及び茂木誠氏との対談「ウクライナ戦争を語る」(https://www.youtube.com/watch?v=aKlypw0pJeE)

＊２：『裏切られた自由』（上下巻）二〇一七年、草思社

＊３：ネオコンの歴史、悪行については拙著『民主党の欺瞞』（二〇二一年、ＰＨＰ研究所）に詳述。

＊４：不正の実態は、拙著『アメリカの巨悪』（二〇二一年、ビジネス社）に詳述した。二〇

二二年には、郵便投票制度の悪用や違法な投票纏め行為（ballot harvesting）の実態を映像で示したドキュメンタリー映画『2000mules』（二〇二二年）が制作された。

スペイン内戦からウクライナ戦争まで
「正義の戦争」は嘘だらけ！
ネオコン対プーチン

◉目次

装幀／須川貴弘（ＷＡＣ装幀室）

第一章

米ネオコンに操られるウクライナ戦争

超党派で構成される米ネオコンのさまざまな策略によって勃発したウクライナ戦争。その実態を的確に分析せずに、日本国が、単純に反ロシアにのめり込むのは危険だ。

クリミア半島は歴史的にロシアのものだった

編集部　二〇二二年二月にウクライナ戦争が勃発。爾来、数カ月が経過し、国際情勢に大きな影響を与えています。日本はむろんのこと、欧米をはじめとするメディアは、ロシア・プーチンは「悪」、ウクライナ・ゼレンスキーは「善」ということで、さまざまな報道合戦が行なわれています。典型的なのは、多くの無辜《むこ》のウクライナの一般市民が殺害され、プーチンは核の使用も示唆しておりとんでもない危険な独裁者、ヒトラーの再来だという扱いです。

渡辺　実に浅はかな見方です。この戦争を考える上で大事なことは、ロシアによるウクライナ侵攻がなぜ起こったのかをまず見る必要がある。それを知るには、ウクライナという「国家」の成立過程を振り返る必要があります。

福井　ウクライナは近代以降、第一次大戦後の混乱期に独立の動きがあったものの、ソ連が崩壊するまで、ロシアと別の「国家」として成立したことはありません。バルト三国（エストニア、ラトビア、リトアニア）などと違い、帝政時代はロシアの一部という認識が一般的であり、チャイコフスキーのウクライナ民謡を取り入れた交響曲第二番の愛称にもなっている「小ロシア」はウクライナを指します。キーウの国立音楽大学はチャイコフスキー記念音楽院と名付けられています。ただし、ロシア軍侵攻後、父方の出自がウクライナだったチャイコフスキーを「敵」ロシア人であるとして、ウクライナでは排除する動きが始まっています。

渡辺　両国は、そんな関係でしたが、一九五四年、当時のソ連書記長、フルシチョフは、ロシア・ウクライナ併合三百周年を記念し、クリミア半島のロシアからウクライナへの帰属替えを決定したのです。逸話では、フルシチョフは酩酊状態であったとも言われていますが、それ以外にもスターリンの「ホロドモール」（一九三二〜三三年にかけてウクライナ人が住んでいた各地域でおきた人工的な大飢饉《ききん》。五百万人が餓死）について罪悪感を抱いていたことも決定時に影響を及ぼしたとも考えられます。

福井　フルシチョフは一九三八年から四九年までウクライナ共産党（ウクライナはソ連を構成する共和国の一つ）第一書記を務めていましたから、一九三七年から一九三八年まで続いたスターリン大粛清のウクライナでの責任者でもあった。この大粛清ではソ連全土で七十万人、ウクライナだけで十二万人が処刑されました。

一九三二〜三三年の大飢饉はウクライナだけではなく、カザフ（現在のカザフスタン）でも極めて深刻でした。「ホロドモール」に関してはソ連が徹底的に情報を隠蔽したため、ユダヤ人迫害すなわち「ホロコースト」に比べ広く知られることなく、半世紀以上経った一九八六年に出たロバート・コンクェストの『悲しみの収穫』（恵雅堂出版）が最初の本格的研究書です。実は、飢饉当時、英国人ジャーナリストのマルコム・マガリッジや、映画（『赤い闇』）にもなったガレス・ジョーンズらが実情を伝えようとしました。しかし、ソ連政府だけではなく、欧米の「進歩派」、今で言うリベラルから反共プロパガンダとしてほとんど無視されました。その中心人物が、ソ連報道の第一人者とされたニューヨーク・タイムズのモスクワ特派員ウォルター・デュランティです。しかも、デュランティは飢饉の実態を知りながら、ソ連政府の意に沿う報道を続けていたのです（サリー・テイラー『スターリンの代弁者』オックスフォード大出版局、未訳）。

ソ連崩壊後、「ホロドモール」の実態解明が進み、二〇〇八年にハーバード大で開かれた国際会議の基調講演で、フランスのソ連研究者ニコラ・ヴェルトは、「ホロドモールはジェノサイドだったかという問いへの答え、それはイエス以外ありえない」と述べています。

渡辺　しかし、「鬼の目にも涙」の贖罪意識があったのかもしれませんが、フルシチョフのクリミア半島のウクライナへのつけ替えが、後々まで尾を引くことになる。

福井　クリミア半島がウクライナに属したことは、それまでの歴史上なかったことです。フルシチョフとしては、日本でいえば、熱海を静岡県から神奈川県に移すといったレベルの、ちょっとした線引きの感覚に近かったのかもしれません。ロシア、ウクライナのどちらに属するにせよ、当時は同じソ連なのですから。

渡辺　ところが、一九九一年、ソ連が崩壊してしまった。それと同時にウクライナもバルト三国などと同じく、独立を果たすわけですが、西側諸国の後押しも大きかった。

福井　前段があります。一九八九年にベルリンの壁が崩壊した直後の一九九〇年のドイツ再統一交渉の中で、米国ブッシュ（父）政権はNATOを東方に拡大しないことをロシアに口約束したのです。ネオコンとは距離を置くブッシュ（父）と側近のブレント・スコウクロフト大統領補佐官は、本当にそうするつもりだったと思います。後年、スコウクロフトはイラク戦争に反対します。

渡辺　その後、一九九四年の「ブダペスト合意」が結ばれました。ソ連に属していたベラルーシ、カザフスタン、ウクライナが自国内にある核兵器を放棄する代わりに、その独立と主権と既存の国境を米英露三国は尊重することになっていたのです。

ところが、クリントン、ブッシュ（子）政権はその合意（NATO不拡大）を破棄してしまった。一九九九年にはチェコ、ハンガリー、ポーランド、さらに二〇〇四年にはバルト三国、ブルガリア、ルーマニアなどがNATOに加盟し、東方に拡大し続けました。そうなると、ロシアの外交的課題としてクリミア半島やウクライナ東部の領土問題が重くのしかかってきたわけです。

米国はこのように一度は合意をしながら、それを破棄し、紛争の火種を誘発するような外交方針をとることがよくあります。

福井　その当時のロシア大統領エリツィンは、欧米での高評価とは裏腹に、ロシアの政治的経済的衰退をもたらした元凶とされ、政権末期は混迷を極め、ロシア国内での評価は今も散々です。プーチンはエリツィンのそばにいて、ロシアの未来に危機感を覚え、大統領選に打って出たわけです。

渡辺 プーチンは一言でいえばロシア民族主義者ですね。私の翻訳した『コールダー・ウォードル覇権を崩壊させるプーチンの資源戦争』（草思社）の中で描かれる当時のプーチンは「憂国の情」を持っていた。戦後日本の行く末を憂えた国士達の情に近いものがある。

あのソルジェニーツィンはプーチンの味方だった

福井 『収容所群島』（新潮社）の著者で、ソ連反体制知識人の象徴であったノーベル賞作家ソルジェニーツィンは、プーチンのことを評価していました。プーチンは二〇〇一年十月二十一日の演説で、進歩の名のもとに伝統、人々のモラル、健全な社会の基盤を破壊したソ連共産主義体制を厳しく批判し、欧米社会では現在、かつてのソ連と同じようなことが行われていると指摘しています。プーチンはロシア民族主義者というより、ロシア国民主義者あるいは伝統主義者です。この演説でも、「我々自身の精神的価値、歴史的伝統そして多民族からなる国民の（многонационального народа）文化に立脚すべき」と明言しています。狭い意味でのロシア人ではなく、少数民族も含んだロシア国民という考え方です。ちなみに、ウクライナ侵攻後、プーチン支持者ゆえ欧米からボイコットされている著名な指揮者ヴァレリー・ゲルギエフはオセット人です。

こうしたロシア伝統主義者プーチンに、同様の考えを持つソルジェニーツィンは共感していたのでしょう。ソルジェニーツィンはまた、ソ連崩壊によって旧ソ連のバルト三国などがロシアから離れるのはかまわないけれど、ウクライナとベラルーシはロシアと一体であるべきだと主張していました。

彼は、ベルリンの壁崩壊直後の一九九〇年に発表した『甦れ、わがロシアよ』（木村浩訳、日本放送出版協会）の「ウクライナ人と白ロシア人への言葉」という章で、こう記しています。

「私自身、半分近くはウクライナ人であり、子どもの頃はウクライナ語の響きのなかで育った。一方、悲壮さにみちた白ロシアで、私は戦争体験の大半を過ごし、その悲しい貧しさと柔和な民族性を心から愛したものだ。私はウクライナ人に対しても、白ロシア人に対しても、部外者としてではなく、同胞として（как свой）呼びかけるものである。わが民族が三つに枝分かれしたのは、あの蒙古襲来というおそろしい災難のためと、ポーランドの植民地になったためである」

ソルジェニーツィンは間違っているという主張も当然あるでしょう。しかし、彼だけではなく多くのロシア国民がそう考えていること、そして少なくとも今回の侵攻の前までは、一部のウクライナ国民も同じように考えていたことは事実です。

渡辺 ソルジェニーツィンの言うとおりです。彼は二〇〇八年に亡くなりましたが、死の直前まで「クリミアを巡るウクライナの領土問題が大きな火種になるのではないか」と憂慮していました。なにせ、クリミアの九割の住民はロシア人ですから、紛争が起こることは目に見えていたのです。二〇一四年のクリミア帰属問題で、世界中から批判の声があがりましたが、住民投票で九割がロシアに戻ることに賛成の意を示しています。それを受けて、プーチンは軍事行動を起こしたのです。

福井　プーチンは第二次世界大戦までの常識というか、伝統的国際秩序観の持ち主ではないでしょうか。つまり、世界には複数の大国が存在し、それぞれが「勢力圏」を維持しながら、力の均衡によって世界秩序が保たれるべきと考えているのです。そして形式的には独立国だとしても、ある大国の勢力圏に含まれる地域の問題は、基本的にその大国が責任をもって対処すべきだということです。トランプ米前大統領は同様の思考回路の持ち主だったといえるでしょう。

渡辺　日本も第二次世界大戦まではアジア勢力圏の親分的存在でした。「母親的」と言い換えてもいい。

ネオコンのあからさまな内政干渉

福井　プーチンからすると、ウクライナは本来ロシアの勢力圏ということになります。

ところが、二〇一四年、ロシアと西側諸国の両方のバランスを取っていた親露派のヤヌコーヴィチ大統領（当時）が、民衆扇動など米国のネオコン勢力のあからさまな内政干渉によって生じた政変で失脚しました。要するに米国支援の下での「反ロシアクーデター」です。

渡辺　プーチンの意図としては、ウクライナを西側諸国との緩衝国にしたかったのではありませんか。

福井　ところが、米国は、ポーランドなど旧ワルシャワ条約機構に加盟していた東欧諸国のみならず、ウクライナやジョージアのような旧ソ連構成国までNATOに参加して良いと言い始めました。すでにバルト三国は加盟済みです。しかし、ウクライナはロシアと経済的結びつきも深く、東部ドンバスには多数のロシア人が住み、長い国境線で接しています。ウクライナがNATOに加盟すれば、ロシアの安全保障は深刻なダメージを受けるとプーチンは考えたでしょうし、それが米国で強硬な対露外交を主導する、リベラル介入主義者を含む広い意味でのネオコンの狙いでもあったわけです。

渡辺　トランプ前政権はＮＡＴＯの拡大に反対で、ＮＡＴＯの役割は終わったと考えていました。それが、トランプが「私が大統領だったら（ウクライナ）戦争は起こっていない」と言う根拠です。ＮＡＴＯの軍事力増強を背景に、そう言っているわけではありません。

福井　トランプ前政権は、ウクライナをロシアとの間の緩衝国とみなし、自陣営には引き込まない方針だったのでしょう。実は、オバマもそうでした。しかし、その方針はバイデン政権によって一変してしまった。バイデン大統領自身の判断なのか、それとも政権中枢に食い込むネオコンを抑えることができないのかは不明ですが。考えてみれば、ロシアの言い分自体は、米国からみてもそれほど理不尽ではないはず。冷戦期の一九六二年、ソ連がキューバに核を配備しようとした際、米国は猛反発しました。米国からすると、ソ連が米国の裏庭にあるキューバに核ミサイル基地をつくるのは戦争に匹敵する行為という認識だったのです。あとでも触れますが、米国の著名な国際政治学者ジョン・ミアシャイマー、シカゴ大教授もそう言っています。

渡辺　核戦争も辞せずの強硬姿勢をケネディ大統領がとったことで、ソ連は建設を断念しました。

福井　ロシアがウクライナのNATO加盟に強硬に反対することは、当時の米国のふるまいとどこが違うのでしょう。しかも、当時も今もキューバは独立国家です。

一方で、米国も伝統的な勢力圏の発想を完全に捨て去ったわけではないようにも思えます。ウクライナより西側に出てきたら戦う意思を示しつつも、ウクライナまでならば、言葉での非難や経済制裁や武器援助はしながらも、直接、軍は出さずに見ているだけ。ウクライナはいまのところロシアの勢力圏内、少なくとも米国の勢力圏外と暗に認めているかのようです。

しかし、ウクライナからしたら米国に裏切られたという思いもあるでしょう。一九五六年のハンガリー動乱（ハンガリーで起きたソ連支配に対する民衆蜂起）と似ています。あの時も米国はハンガリー民主化への支援を口にしながら、ソ連軍がハンガリーに侵攻すると、ソ連を口先で非難するだけで、それ以上何もしなかったのです。三年後の一九五九年には、何事もなかったかのように、フルシチョフとアイゼンハワー米大統領は、キャンプデービッドで会談しています。今回はウクライナに武器支援を行っていますが、バイデン大統領は直接介入を否定しています。

渡辺　第二次世界大戦が発生したときにも似ています。戦争史を調べるとわかりますが、小国が大国相手に徹底抗戦する場合、背後で糸を引いている国家が必ず存在します。今回のウクライナ戦争も、ロシアの侵攻前まで強気だったウクライナの背後に米英の影が見え隠れしている。

福井　しかし、いざとなったら大国は助けてくれないものです。第二次大戦のきっかけとなった、一九三九年九月一日のドイツのポーランド侵攻直前まで、ポーランドがドイツに強硬だったのも、英仏が助けてくれると信じていたからです。英仏も「約束」どおり、ドイツに対して宣戦布告したものの、ポーランドに援軍を送りはせず、亡命政府をロンドンに受け入れただけで、秘密議定書が付いた独ソ不可侵条約に基づきヒトラーと組んだソ連が東側から侵攻したことは黙認しました。その後、フランスもドイツに降伏し、ヒトラーが英国との和平を望んでいたにもかかわらず、英国首相チャーチルは一切の交渉を拒否し、戦争を継続します。チャーチルが強気でいられたのも、フランクリン・ルーズベルト大統領が率いる米国の参戦を信じていたからでしょう。

英米関係も所詮は警戒の上に成り立つ同盟関係だった

渡辺　そうですね（苦笑）。当初は、ドイツにロンドンが空襲されても、米国は英国を「心情的」に応援しただけです。後に中立法を蔑《ないがし》ろにして武器貸与法を成立させ、ようやく武器支援だけはしましたが。

福井　米国からみれば、英国が国力を消耗させることは、都合が良かったともいえます。よく言われる米英の特別な関係というのは、第二次大戦後、英国が米国のジュニアパートナーに落ちぶれたあとの話で、第二次大戦まで米国は英国を追い落とすべきライバルとみなし、英国も米国を警戒していました。世界支配をもくろむ米国にとって、英国は、捨て駒の一つに過ぎなかったわけです。

渡辺　いまウクライナも米国の捨て駒になっているだけかもしれません。というのも、今回のウクライナ侵攻は、米国国内で「ロシアゲート」の真相が明らかになりつつある矢先でのことだったからです。「ロシアゲート」とは、二〇一六年の大統領選で、トランプ陣営がロシア政府機関と共謀し、米国民の票を不当に操作したというもの。この一連の疑惑について、連邦政府のジョン・ダーラム特別検察官は、民主党ヒラリー・クリントン陣営による「偽文書を根拠にしたおとぎ話」、つまり創作という認識を示しました。ヒラリーの黒幕は、おそらくオバマでしょう。当時、副大統領だったバイデンも、当事者の一人で関与していました。ロシアゲートが民主党側の巧緻な捏造《ねつぞう》工作だったことが、これから予想される司法手続きの中で立証されていくでしょう。二〇二四年秋の大統領選挙でのトランプ復活の機運はさらに高まります。

そこで、そうはさせまいとして、「ロシアはウクライナをイジメる悪い国である」ことを米国民に周知徹底させることで、「ロシアゲート」の話は煙に巻くことができると、民主党の選挙参謀は企んだのでしょう。世界中のメディアが「プーチン悪者論」を喧《けん》伝《でん》していますが、その裏を読み解く必要があります。

もう一つ、米国内で気になる動きがみられます。それはネオコンの活発化です。ネオコンは自らの思想や理想実現のためには武力行使も辞さない連中で、保守主義者とはとても言えません。もともとは世界革命を標榜《ひょうぼう》する共産主義者（トロツキスト）であり、「共産主義の拡大」を「自由と民主主義の拡大」と看板をかけ替えた主張をしているだけなのです。共和党内に巣くっているネオコンの代表的な議員がマルコ・ルビオ（共和党上院議員）やリンジー・グラハム（共和党上院議員）ですが、再び勢いづいています。彼らはウクライナへの徹底支援を主張しています。トランプ政権では静かにしていましたが、今は目を輝かしている。

超党派のネオコンの策謀の数々

福井　ネオコンというのは、もともと民主党内で冷戦リベラルと言われた対ソ強硬派で、一九七〇年代以降、左傾化する民主党から共和党に移り、レーガン大統領の時代に、共和党内で一大勢力となりました。トランプ以前、ブッシュ（子）時代の共和党指導層はネオコン一色でした。しかし、共和党主流派の政治家たちは確たる信念や信条を持ち合わせていないので、トランプ人気が高まるにつれ、それに便乗してネオコン色を弱めて宗旨替えをしたのです。しかし、米国には民主・共和両党をまたぐ超党派の外交エスタブリッシュメントが存在し、積極的な介入外交を旨としていることを銘記する必要があります。彼らを一括してネオコンと呼ぶならば、共和党内では反ネオコンのアウトサイダーであるトランプが大きな影響力を持っているのに対し、民主党内ではこの広い意味でのネオコンが主導権を握っています。ビクトリア・ヌーランドはその代表例です。ブッシュ（子）政権でＮＡＴＯ米代表部大使、オバマ政権で国務次官補、トランプ政権四年間のブランクを経て、バイデン政権で国務次官にまで出世したヌーランドの米外交への影響力は大きい。

渡辺　彼女はＣＩＡを利用して、先述した二〇一四年の反ロシアクーデターを成功させているわけですよ。しかも夫はネオコンの巨頭、ロバート・ケーガンです。これでは、ロシアとまともに交渉できるはずがありません。

福井　ケーガンは、日本でもいくつか著作（『ネオコンの論理』光文社など）が翻訳されています。本人は自らを「リベラル」、「進歩派」であり、「ネオコン」と呼ばれたくないと主張しているようですが。

渡辺　しかも、このネオコンを利用していたのが、トランプに負けたヒラリーです。

彼女は国務長官時代、反ロシアのネオコンのメンバーを次々と登用し、軍産複合体を肥大化させています。NATOの東方拡大も、ネオコンと軍産複合体が一体になった動きだとも考えられます。そういう意味で、ウクライナ侵攻の真の首謀者は、ロシアを欧州から完全排除したいネオコンと一体化した民主党、ひいてはバイデン政権だとも言えるのです。というのも、プーチンがウクライナ侵攻を決断する前、奇妙な動画を見たんです。

それはYouTubeの公式番組「アメリカ大使館・領事館」による「北方領土に関するエマニュエル大使のメッセージ」(二〇二二年二月七日)という動画です。エマニュエル新駐日大使は「米国は北方領土問題で日本を支持しており、北方四島に対する日本の主権を一九五〇年代から認めています」と話しています。そして、ロシアは他国の主権を軽視しており、ウクライナ駐日大使ともロシア問題について協議した事実を明らかにしていました。動画を見て「あ、米国はロシアとウクライナを戦争させる気だな」と直感しました。そもそも北方領土問題は「ソ連の対日参戦の見返りに、樺太《からふと》の南部とこれに隣接する一切の諸島はソ連に返還され、千島列島はソ連に引き渡される」という秘密協定（ヤルタ協定／一九四五年二月）を米国（ルーズベルト）英国（チャーチル）ソ連（スターリン）が結んだことに始まります。

そのヤルタ協定の中味は以下のとおりです。

一　外蒙古（蒙古人民共和国）の現状は維持する。

二　一九〇四年の日本国の背信的攻撃により侵害されたロシア国の旧権利は、次のように回復される。

(イ)樺太の南部及びこれに隣接するすべての島を、ソヴィエト連邦に返還する。

(ロ)大連商港を国際化し、この港におけるソヴィエト連邦の優先的利益を擁護し、また、ソヴィエト社会主義共和国連邦の海軍基地としての旅順港の租借権を回復する。

(ハ)東清鉄道及び大連に出口を提供する南満洲鉄道は、中ソ合併会社を設立して共同に運営する。但し、ソヴィエト連邦の優先的利益を保障し、また、中華民国は、満洲における完全な利益を保有するものとする。

三　千島列島は、ソヴィエト連邦に引渡す。

福井　日露戦争とは無関係な千島列島を米国が勝手にソ連に与えた責任は棚にあげて、今のタイミングを見計らって北方領土を取り上げてロシアを非難したのは、ソ連時代も含めて、ロシアが不当に他国の領土を支配していることを強調したかったのでしょう。

渡辺　バイデン政権のやり方を見ていると、FDR（ルーズベルト）政権が石油の禁輸などで日本を追い込んで真珠湾攻撃をさせたように、プーチンにウクライナ攻撃をさせたがっていたとしか思えません。

福井　ミアシャイマー教授も後述するインタビューで、「恐怖」を感じた大国が大きなリスクを背負って大胆な行動に出た例として、米国の経済制裁で圧迫された日本の真珠湾攻撃を挙げています。ところで、ウクライナ侵攻前、二〇二二年十一月の中間選挙では民主党の大敗が予測されていました。侵攻後、世論の風向きが若干変化しましたね。

渡辺　ロシアの侵攻直後のロイターによる世論調査では、バイデン政権の支持率が四三％と、前週の三四％から上昇したことがありました。まさに狙い通りの結果ではありませんか。ただ、この調査にもバイデン支持を高く見せる「加工」がしてある可能性はあります。でも上昇は一時的なものでしかなく、それ以上伸びることもなく、むしろ激しく低下していて、三十～三十五％にまで落ちている（二〇二二年七月）。米国民の関心は超インフレです。バイデンは「インフレの原因はロシアのウクライナ侵攻だ」と主張していますが、国民は信じません。

福井　一方、ロシア軍侵攻直後、ウクライナへの同情が広がる中、二〇二二年三月上旬に行われた世論調査では、米国の軍事介入への賛成は反対をやや上回るレベルにとどまっていました（三九％対三四％、ＣＹＧＮＡＬ調査）。その後も、賛成の声は広がるどころか、国民の関心はインフレによる生活苦に集中しており、ウクライナへの関心は薄まる一方のようです。

渡辺　米国世論が冷静であることが救いです。というのも、バイデン政権による無様なアフガニスタン撤退と、コロナ禍に乗じたワクチン接種の強制によって、国民は「民主党は本当に民主主義政党なのか」といった疑念を持ち始めているからです。米国はすでに左翼的かつ全体主義的政党の支配下にあると言えます。

ウクライナの人権監察官デニソワは吉田清治と同じ?

福井　しかし、プーチンも、ネオコン主導のバイデン政権の強硬な反ロシア姿勢が変わらないことは理解しているでしょう。先に手を出したら相手の思うつぼなので、私は軍事侵攻はないと思っていました。しかし、何もしなければ、ウクライナはNATOに加盟してしまう。そうなると、ロシアは所詮「張り子の虎」とみなされ、さらに圧迫される。「進むも地獄、退くも地獄」だったら、軍を動かしてロシアの覚悟を示したほうがよいと、プーチンは考えたのではないでしょうか。確かにそう考えたとしても不合理ではありません。

ただ、一つ強調しておきたいのは、米国にも我々のような見方が確固として存在することです。さきほど「第二次世界大戦まで」と限定しましたが、大国間の力の均衡(バランス・オブ・パワー)によって世界秩序を保つことが、結局のところ平和な世界につながるというリアリストは今も一定の勢力を保っています。

たとえば、前述した、ミアシャイマー教授は、冷戦後の米国の一極覇権主義外交を一貫して批判し、『フォーリン・アフェアーズ』二〇一四年九・十月号掲載論文でも、二〇一八年に出版された『大いなる迷妄』（イェール大出版局、未訳）でも、ヌーランドらネオコンの策謀にも触れながら、ウクライナをめぐる米露対立の責任の大半は米国にあると指摘しています。ロシアの軍事侵攻後に行われたインタビュー（『ニューヨーカー』インターネット版二〇二二年三月一日付）でも、同じ意見を繰り返し述べていますし、『文藝春秋』二〇二二年六月号掲載の「この戦争の最大の勝者は中国」と題されたインタビューでもこう語っています。

「日本政府は、米国とその同盟国にとって、ロシアではなく中国が本当の脅威であり、長期的にはロシアと協力するほうが合理的であることを、米国政府に理解させなければなりません」

「私には、シカゴ大学の終身教授の学者として、自分の見解を堂々と発信していく社会的責任があります。たとえそれが激しい論争を起こしたとしてもです。私の意見を嫌いな人がいても構わないし、反論も大いに結構。民主主義国家において、意見を表明することは国民としての義務です。そして大切なのは、一般的な世論とは異なる意見を表明したときに、それが尊重されることなのです」

渡辺　ミアシャイマー先生のおっしゃるとおり（笑）。

福井　さらに、ロシア側からの情報開示や主張に「偽情報（フェイクニュース）」というレッテルを貼ることが横行していますが、それ自体が実は偽情報である可能性もあります。

一例を挙げましょう。米国支援のもとウクライナで生物兵器研究が行われているというロシアの主張は当初、「ファクトチェック」によって偽情報であることが明らかと世界中で喧伝《けんでん》されていました。ところが、二〇二二年三月八日の米上院外交委員会で、普段とは打って変わって落ち着きのない（動画で確認できます）ヌーランド国務次官が、ウクライナに生物研究（biological research）施設が存在し、ロシア軍の手に落ち、悪用されることを防がねばならないと証言したのです。生物兵器研究先進国ロシアがその情報や物質を入手する（つまり、まだ持っていない）ことを恐れねばならないほど危険な研究がウクライナで行われていると米政府が公式に認めたわけです。

渡辺　ウクライナの人権監察官リュドミラ・デニソワが、ＮＧＯ団体の調査によって、ロシア兵による女性暴行の戦争犯罪を捏造《ねつぞう》した疑惑も浮上しましたね。実際に捏造だったと認定され、ウクライナ最高会議を通じて二〇二二年五月三十一日に解任されました。そうでありながら、彼女は「西側諸国から武器支援を得るためだった」と反論し、なかば居直っている。

福井　ただし、解任に反対した議員も多く、デニソワ支持者は「任期前解任は不当」と主張しています。

渡辺　デニソワは二〇二二年四月六日までに、ロシア軍の捕虜となっていた女性兵士十五人が拘束中、「拷問や虐待を受けていた」と証言。これを受けＣＮＮやビジネス・インサイダー、ニューズウィークが裏どりもせず無批判に報じていました。

デニソワ証言は日本のメディアも追随しています。産経は「性的暴行や拷問を受けたとみられる十歳以下の子供が殺害されていた」（四月六日）、毎日は「十二万人以上の子どもを強制的に連れ去った」(四月十日)などと、デニソワ証言をもとに報じていました。日本のメディアも世界に渦巻くプロパガンダ報道をもう少し警戒するべきです。

福井　英米系のメディアはデニソワの証言をもとに記事を作成していましたが、それが実は根拠のないものだったわけです。戦時中の犯罪に関する報道には慎重でなければ、取り返しのつかないことになってしまいます。捏造した「証言」をもとに、朝鮮人女性を慰安婦にするため強制連行したと主張して本まで書いた吉田清治に騙された朝日新聞と同じ構図ですよ。

渡辺　デニソワも、イタリアの国会で証言したとき「ロシア兵は九カ月の赤ん坊をロウソクでレイプした」などと、滅茶苦茶なことを話しています。

ベルギーの歴史学者、アンヌ・モレリが『戦争プロパガンダ10の法則』(草思社)で、プロパガンダの手口として、第三の法則が「敵の指導者は悪魔のような人間だ」、第五の法則が「敵はわざと残忍な行為に及んでいる」があるとしている。要するに「敵の非人間化」という古典的手法が使われるということです。

第一次世界大戦時の「レイプ・オブ・ベルギー(ドイツ軍が赤子や女性を殺害したり、

教会を破壊し、ベルギーを蹂躙《じゅうりん》したとするプロパガンダ）」、南京大虐殺や湾岸戦争、イラク戦争に使われた偽写真……常に勝った側によるプロパガンダによって国際社会は騙されてきました。何回、騙されたら気が済むのか。

福井　米国の政治学者ハロルド・ラスウェルは第一次大戦後、こういった戦争プロパガンダの際、女性に対する性犯罪の話が出てくるのは大衆に受けるからだと指摘していました（『宣伝技術と欧洲大戦』高山書院）。週刊誌で性的スキャンダル記事を読みたがる心理に近い。

渡辺　米西戦争（一八九八年）の時期にも、米国の実業家（新聞王）、ウィリアム・ハーストが「新聞が売れる話題は、戦争、女、犯罪だ」と言っていますけど、まさにその通り。

キッシンジャーもウクライナの徹底抗戦には反対？

渡辺　一方で、米国内では、戦争を続けることに疑問を持ち始める人たちが出てきています。二〇二二年五月に開催されたダボス会議では、ウクライナ戦争を巡るヘンリー・キッシンジャーとジョージ・ソロスの意見の対立が鮮明化しました。キッシンジャーは、戦争継続は望ましくないとし、一方、ソロスは徹底抗戦を呼びかけている。

福井　キッシンジャーは「ウクライナは欧州とロシアの架け橋として、ある種の中立国（neutral kind of state）となるのが望ましい」という持論を展開し、戦争長期化で収拾がつかなくなる前に、早期に和平交渉を進めるべきと主張しています。伝統的な勢力均衡論者として、当然の指摘ではあります。

一方、ウクライナ侵攻に至るまでの米国の対露強硬姿勢の背景には、ドイツがロシアと手を組み、米国から離反することを阻止するという米国の世界戦略があるという見方もあります。

キッシンジャーは、欧州で東西冷戦が終わり、ドイツが統一されて間もない一九九四年十一月十三日付の独『ヴェルト』日曜版に掲載されたインタビューで、欧州でドイツが主導的役割を果たすのは望ましくないし、米国はドイツの欧州での覇権を阻止するために二度戦ったと述べていました。こうした観点からみれば、ウクライナ侵攻によるドイツとロシアの分断は望ましいともいえます。とはいえ、ドイツ封じ込め論者のキッシンジャーから見ても、今の対露強硬外交は米国の国益を損ねるということなのでしょう。

渡辺　そのドイツをはじめ、フランス・イタリアも論調が変化している。

福井　フランスのマクロン大統領は二〇二二年六月三日のインタビューで、「戦争終結の際、外交を通じて出口が築けるよう、ロシアを辱《はずかし》めること（humilier）はしてはならない」「フランスの役割は仲介勢力（puissance médiatrice）であることを確信している」と述べています。

　ドイツのショルツ首相は、支援に消極的だという国内での批判に対し、非公開の席上で「私はカイザー・ヴィルヘルムではない」と述べたと報道されています。ドイツを大戦争（第一次大戦）に巻き込んでしまったヴィルヘルム二世と同じ轍《てつ》は踏まないということでしょう。イタリアのドラギ首相も五月に訪米した際、和平交渉の必要性をバイデンに訴えています。バイデンは突っぱねたようですが。

渡辺　実際に欧州は戦争忌避《きひ》に傾きつつある。

福井　ハンガリーは開戦当初からウクライナに対して批判的に見ていますし、ブルガリアはウクライナに武器支援をしないと表明している。各国の対露強硬派にロシアに対して弱腰だと批判されていますが。

渡辺　ブルガリアはロシア大手天然ガス企業ガスプロムから、ルーブルで支払われなかったことを理由にパイプラインによるガス供給を四月に停止されたから必死なんでしょう。

福井　武器支援を躊躇《ちゆうちよ》するのも当然です。インターポール（国際刑事警察機構）のユルゲン・ストック事務総長は、ウクライナでの戦闘終結後、武器が横流しされ、犯罪集団の手にわたることになるだろうと警告を発しています。米国議会でも介入に慎重な共和党議員が膨大な軍事支援の使い道について追及する構えを見せています。

渡辺　次章でも触れますが、そもそもウクライナ軍の主力部隊、ネオナチと言われるアゾフ大隊についても情報が少なすぎます。ＮＨＫなんか、悪辣なロシア軍の毒ガス攻撃を受けたというアゾフ大隊の傷病兵士の証言を真に受け、それが事実だといわんばかりに報道し、それでも彼らは果敢にウクライナ市民を助ける義兵だという扱いをしていましたが……。

福井　米議会は二〇一九年度予算法案でアゾフ大隊への支援を禁止しました。ところが、大手メディアは、アゾフ大隊は「改革」されたということなのか、過去・現在の不都合な真実には触れないようになっています。

渡辺　戦争後にさまざまな事実が明るみになるでしょうが、デニソワ「証言」と同じ結果になるのではないか。

　また、スウェーデン、フィランドがＮＡＴＯ加盟を表明しましたけど、愚かとしか言いようがありません。

福井　どこまで本気なのか。

渡辺　ネオコンに対する遠慮もあるでしょう。ネオコンは両国の政府関係者に賄賂《わいろ》を送っているという噂もあります。ところが、北欧に亡命したクルド人政治活動家らの引き渡しをトルコが要求。これに両国が応じないため、それを理由にトルコは両国のＮＡＴＯ加盟に当初反対していました。全加盟国の賛成なくして入れないので両国の加入は足踏み状態でしたが、六月二十九日になってトルコが容認しました。トルコの容認の裏の取引条件はもう少ししないとわからないでしょう。

福井　スウェーデン、フィランドはロシアを脅威と見ているのかもしれませんが、プーチンは両平和国家を信頼しているようです。二〇二二年五月十六日に開かれた旧ソ連構成共和国間の軍事同盟である「集団安全保障条約機構」(CSTO)サミットで、両国がNATOに加盟してもロシアにとって直接の脅威ではなく、「何の問題もない」(нет проблем)と明言しています。ロシアの勢力圏外の話なので、不快ではあっても容認するというところでしょうか。

ミアシャイマーレベルの安倍晋三元首相の見解

渡辺　ところで、安倍晋三元首相が英国の経済誌「エコノミスト」(二〇二二年五月二十六日付)のインタビューで「ゼレンスキー大統領がNATOに加盟しないと約束するか、東部の二つの飛び地に高度な自治権を認めさせれば、戦争を回避できたかもしれない」と答えています。要するにミンスク合意を履行せよというわけですが、安倍氏の発言は、ロシアメディア「スプートニク」も即座に取り上げており、バランスの取れた見解を示しています。

福井　さらに安倍氏は「昨年、中露海軍艦艇が日本列島を一周する軍事演習があった。そうしたなか、私は中露の連携を可能な限り絶つことを考えた。経済力の点では、中国が間違いなくより大きな懸念材料だ。現状をみるに、ロシアは力を失い、中国のジュニアパートナーになるだろう」とも発言している。

キッシンジャーやミアシャイマーと同じく、安倍氏は国際政治におけるリアリストして、我々が対処すべき脅威ナンバーワンは中国であり、中露が近づくことは望ましくないと見ているわけです。安倍氏の冷静な分析は反プーチン一色の安倍応援団とは対照的です。

そもそもプーチンは、戦争が始まるまで、ドンバスのロシアへの併合を求めてはいませんでした。

渡辺　プーチンは今もするつもりはないと思います。

福井　ドンバスの歴史に関して必読文献があります。ソ連政治研究の大家、インディアナ大の黒宮広昭名誉教授による『ドンバスにおける自由とテロ』(ケンブリッジ大出版局、未訳)。この本の副題にもあるように、ドンバスはウクライナとロシアの「境界地帯」(borderland)であり、モスクワともキーウとも距離を置いているところなのです。
だからこそ、ロシア色が濃く併合したクリミアと違い、プーチンは侵攻直前まで、ウクライナからの分離独立や併合には賛成せず、ウクライナ主権下での高度な自治を認めるミンスク合意の順守を要求していたのです。ロシアに友好的な「緩衝地帯」であればそれでよしとしていたわけです。

渡辺　併合しても負担が増すだけですから。

福井　ところが、二〇一四年のウクライナ政変以降、ロシア系住民への迫害がエスカレートし、黙っていられなくなった。看過し続けたら、プーチン自身の威信も傷ついてしまう。主観的には、軍事侵攻はやむを得ない選択だったということでしょう。反ネオコンのランド・ポール米共和党上院議員が二〇二二年四月二十六日の公聴会でブリンケン国務長官に対して使った表現を借りれば、「侵攻に正当性(justification)はないけれど、理由(reasons)はある」わけです。

実際に、ロシア国内では知識人の間でプーチン支持が高まっているようです。たとえば、旧ソ連・ロシア軍出身の国際政治学者で、邦訳された著作(『ロシア新戦略』作品社)もある、前カーネギー・モスクワ・センター所長ドミトリー・トレーニンは、これまで欧米協調派と目されており、戦争当初までプーチンに批判的でした。

しかし、侵攻後の経緯を見て、トレーニンは、米国とその同盟国は、冷戦期のソ連封じ込めとは質の違う、世界政治における独立の主体としてのロシアの除去とロシア経済の完全な破壊を目的としているとして、プーチンの下にロシア人は団結せよと訴えるようになりました(https://globalaffairs.ru/articles/politika-i-obstoyatelstva/)。欧米との連携を願っていたロシア知識人の失望は大きい。

渡辺　デニソワ解任、欧州各国のウクライナ支援離れといった国際世論を受けてか、バイデンは、戦争開始以前からウクライナに戦争の可能性があると警告したものの、ウクライナは「聞く耳を持たなかった」と批判の矛先を少し変えてきています。

福井　そもそも、バイデンはロシアの体制変換を望んでいないと明言しています。

渡辺　え、本当ですか。「プーチンは権力の座にとどまってはならない」と言っていたのを、私は実際に聞いていますが。

福井　二〇二二年六月一日付『ニューヨーク・タイムズ』の本人名義のオピニオン欄で、「プーチン追放や、ロシアに損害を与えるためだけに戦争を長期化させることは望まない」と記しています。米国の軍事的関与の実態については情報が錯綜しています。同紙の同年六月九日付記事には、米当局者の話として、ウクライナが軍事情報を提供しないので、米国はウクライナ軍の動向の把握に苦労している一方、米情報機関の主たるターゲットであるロシア軍の動きのほうはよくわかっていると書かれていました。ところが、同紙は六月二十六日付記事で、ＣＩＡ要員がウクライナ国内で秘密裏に活動し、劣勢のウクライナ軍を支援していることを明らかにしています。

黒人・ヒスパニックの共和党支持が増え、崩れる民主党の基盤

渡辺　「ニューヨークタイムズ」の記事はネオコン参謀の代筆でしょう（笑）。米国のメディアもウクライナ戦争に徐々に距離を置き始めています。今や国内のインフレと、

不法移民が話題の中心です。いずれもバイデン政権の失政によるものです。バイデン政権の支持率は三九％まで落ち込んでいる（二〇二二年六月十四日時点・ロイター／イプソス調査）。非白人層が見限り始めています。三三％程度まで落ちているとの世論調査もあります。

福井　米国のほうが日本に比べてインフレは深刻です。米国は圧倒的に車社会で、日常生活における車への依存度が高く、走行距離も長い。そのため、ガソリン代が高騰すればするほど、家計への影響が大きくなる。また、その日暮らしに近い低所得者の比率が高い。ＦＲＢ（連邦準備制度理事会）の年次調査によると、ここ数年、米国民の三〜四割は、急な出費で四百ドル（五万円）が必要になった場合、手持ちの現預金で支払うことができないと答えています。

渡辺　ガソリンを満タンにできない米国民が増えたとも報じられています。こんな状況ですから、二〇二二年十一月の中間選挙で民主党が勝利する可能性はありません。大統領選にしても、カリフォルニア州の選挙人は五十五人。ここは、民主党の地盤で、ヒスパニックや黒人、アジア系などのマイノリティを増やす政策を続けてきました。

白人層は逆にマイノリティとなっています。ところが、今回の物価上昇で、民意も変化している。カリフォルニア州を失えば、民主党は「永遠野党」になりますよ。

福井　サンフランシスコでは、三年前に司法制度改革を掲げて当選したリベラル左派のチェサ・ブーダン地方検事のリコール（解職請求）が成立しました。

渡辺　驚くべき現象です。ブーダンの後ろ盾はソロスです。しかも、ブーダンの父親は極左のテロリストで、要するに筋金入りの左派です。ほかにも二月には民主党系の教育委員会のメンバー三人に対するリコールもありました。そのときは七割の支持を集めましたが、今回も六割です。カリフォルニア州の有権者の間で、民主党に票を投じたくない人たちが相当数増えているのではないでしょうか。

その証拠に全米ベースでのヒスパニックの支持率は今や共和党のほうが上、黒人も二七％が共和党支持を表明しています。二〇一六年、トランプが勝利したときは、黒人の支持率は八％。当時から黒人の共和党への支持率が十％になると、民主党は確実に負けると言われていました。二〇二〇年の大統領選挙で黒人の十二％がトランプに票を投じています。さらに今は三割近くが共和党支持ですからね。十一月の中間選挙で民主党が勝つ見込みがあるのは、ドミニオン集計機の不正利用だけ（笑）。

福井　近年の米国の国政選挙では、白人の支持は共和党六対民主党四の割合で安定しています。さらに共和党に対するヒスパニックの支持率が五〇%、黒人が二〇%台になったら、民主党は政権を取ることができない。

渡辺　ヒスパニックは、トランプのときも共和党に四分の一程度投票していました。白人層の六対四の比率も崩れ七対三になる可能性も高い。

福井　これまで共和党が強かった南部では、これから民主党の時代ではないかと目されていました。というのも、ヒスパニックが増えていたからです。ところが、肝心のヒスパニックが民主党に票を投じなければ、南部も結局、共和党の地盤のまま。黒人の人口比率も支持率も増える兆《きざ》しはありませんから、民主党も行き詰っています。二〇二二年六月十四日に行われたテキサスのヒスパニックが大半を占める選挙区での下院補欠選挙で、メキシコ出身の女性共和党候補が勝利しました。

渡辺　米国内での黒人の人口比率は十三%程度ですね。

福井　今後もシェアは現状維持でしょう。伝統的に家庭重視のヒスパニック女性の出生率が相対的に高いのに対し、黒人はそうではない。黒人の場合、実父母と暮らす子供は少数派で、シングルマザーが大勢です。移民もヒスパニックが中心です。

渡辺　そこで危機感を覚えた民主党は、『米中もし戦わば　戦争の地政学』（文藝春秋）の著者として知られ、トランプ政権下で大統領補佐官を務めた対中強硬論者だったピーター・ナヴァロを議会侮辱《ぶじょく》罪で逮捕するわけです。それも空港での突然の逮捕を演出し、弁護士へのコンタクトもしばらくさせなかった。最後の悪あがきといったところでしょう。ＦＢＩが逮捕したのですが、中間選挙後には民主党による司法の政治利用にメスが入ると期待されています。

日本はしたたかなトルコを見習うべきだった

渡辺　インフレが深刻なのは米国だけではありません。戦争が長引くにつれ、エネルギーや小麦をはじめとした穀物の価格高騰が国際社会に深刻な影響を及ぼしています。ウクライナは世界の小麦生産量の十％を占めており、エジプトは約六割、ウクライナ産の穀物に頼っています。緊急輸入で対処していましたが、七カ月程度しか備蓄量がない。しかも小麦価格は五十七％も暴騰しています。おそらく日本でも小麦関連の食品の価格は今後、跳ね上がるのではないですか。

福井　物流遅延も深刻化しています。

渡辺　穀物の輸出について、ゼレンスキーは「二千万〜二千五百万トンが滞留し、港湾封鎖が秋まで続けば、七千五百万トンになる可能性がある」と言っています。黒海の東側とアゾフ海はロシアの制海権下にありますから、ウクライナは自力では輸出できません。そこでトルコとロシアはウクライナの港に滞留している穀物の輸出方法について協議を重ねている。ところがウクライナ側は港湾に機雷を設置しており、しかも、その機雷の除去をロシアがするべきだと主張しています。実にバカバカしい話ですが、ゼレンスキーは「ロシアの黒海封鎖が続けば、数百万人が餓死する恐れがある」と脅しています。

福井　プーチンは、オーストリアのカール・ネーハマー首相との二〇二二年五月二十七日の電話会談で、穀物の海上輸送を認めると述べています。

渡辺　ゼレンスキーの機雷掃海要求にロシアは激怒しています。ロシアの旗艦「モスクワ」が沈められたように、機雷除去のためにノコノコと出てきて、ミサイル攻撃されたらどうするのか。機雷はロシアだけが敷設したのではなくウクライナも仕掛けているのです。

福井　黒海は日本から遠すぎるので、湾岸戦争の時に掃海艇をペルシャ湾に派遣した時とは違って、我が海上自衛隊に派遣要請が来ることはないでしょう。実は、そのロシア黒海艦隊旗艦「モスクワ」への巡航ミサイル攻撃は米国の情報提供に基づくものだったと、米高官がリークしています（二〇二二年五月六日付『ニューヨーク・タイムズ』）。さらに、バイデンが直接電話で、オースティン国防長官、バーンズCIA長官、ヘインズ国家情報長官を叱責したと、これまたリークされています（五月七日付『NBCニュース』）。その後、五月九日に当時のサキ報道官は、バイデン大統領は軍・情報機関からのリークに「立腹している」(displeased）と記者会見で述べました。

渡辺　米軍はバイデンのコントロール下にありません。ネオコンのほうが影響力が強いのです。

福井　オバマも退任前のインタビューで、介入外交を旨とする超党派のワシントン・エスタブリッシュメントを抑えることは大統領でも難しいと認めています（『アトランティック』二〇一六年四月号）。

渡辺　穀物輸送に関して、ポーランドは陸路で運ぶと言い出しています。しかし、トラックや貨車ではとても運べる量ではありません。ポーランドはロシアから石油・天然ガスを止められています。いつまでもつのか。

福井　ポーランドは東欧における米国の出先のような存在です。米国内にはポーランド系移民が多く、反ロシア傾向が強い。カーター政権で大統領補佐官を務めたブレジンスキーがその典型です。近年、ＣＩＡの拷問施設まで提供していたことを公式に認めました。そもそもポーランドは歴史的に東にロシア、西にドイツと囲まれるなか、大国意識も強い国です。戦間期には、英仏を利用して、ドイツ・ロシア（ソ連）を出し抜こうとした。

渡辺　実は、捨て駒として利用されていただけだったのですが。

福井　今回のウクライナ侵攻でも、反露強硬派の急先鋒です。しかし、ポーランドとウクライナは歴史的に敵対してきました。そのため、ウクライナを戦争で疲弊させ、旧ポーランド領のウクライナ西部地域を自らの勢力圏にしようとしているのではないかという穿《うが》った見方もあります（たとえば、後述のエマニュエル・トッド）。

渡辺　東欧の盟主になろうというわけですが、そんな野心は潰《つぶ》されるだけです。

ところで、今回の戦争では、トルコの存在感が増しています。停戦交渉の仲介者として立ち回り、先述したようにスウェーデン、フィンランドのＮＡＴＯ加盟に当初反対することによって、二国から「亡命クルド人に対する取締強化」という譲歩を勝ち取っています。他にも表に出ていない交換条件もあるかも知れない。

福井　トルコもポーランド同様、相当ズルい国ですね（笑）。ま、どこの国もですが。実際はどうであれ、日本の一見トホホな外交も、裏に深慮遠謀があると他国からは見られていますよ。

渡辺　したたかなトルコは、ウクライナにドローンを売り、そのドローンがドンバス地域でロシア戦車を攻撃しています。にもかかわらず、ロシア産天然ガスを約四割も輸入している。一方でロシアはトルコと対立しているシリア北部のクルド人地域を容認しています。平沼騏一郎ではありませんが、実に昔も今も「欧州情勢は複雑怪奇」な関係にあるのですよ。

福井　トルコは地域屈指の軍事大国であり、トルコの周辺国には、ロシア以外に安全保障を脅《おびや》かす国家が存在しません。強力な軍事力を背景に、外交で自主性を発揮しやすい。日本もトルコと同程度の自主外交ができるようになってほしいものです。

プーチンはスターリンではない

渡辺　このような世界的状況を日本ではどこまで把握しているのか。日本は、ロシアとソ連を同じような国だと見ている人たちがいます。

福井　NHKも二〇二二年五月に『スターリンとプーチン』という番組を放映し、両者を連続したものとしてとらえていました。NHKホームページの番組紹介にはこうあります。

「ソ連を超大国へ導いたスターリン、その崩壊を目の当たりにし、大国ロシアの復活を誓ったプーチン、発掘映像によって、ふたりの権力者の実像に迫る。独裁によって2千万の命を奪ったスターリンの狂気、最大の犠牲となったウクライナの人々の悲劇とは？　スターリンの死去の半年前に生まれたプーチン。スパイから大統領にまで押し上げたのは、国家崩壊の絶望の中で誓った大国ロシア復活への執念とKGB仕込みの権謀術数だった」

渡辺　でも、その見方は間違っています。プーチンは「絶対にあの共産主義体制には戻さない。あんなひどい時代はなかった」と言っていますから。

福井　一方で、第二次世界大戦で勝利を収めたことは、ロシアの誇りであるとしています。

ところで、アジアで対露制裁に参加したのは、日本、韓国、台湾、シンガポール。要するに米国に首根っこを押さえられている四カ国だけ。米国の伝統的勢力圏である中南米諸国も参加していません。二〇二二年六月、三年に一度の米州首脳会議が米国で開かれました。ところが、「盟主」米国が「非民主的」とするキューバなどを招待しなかったため、複数の中南米諸国が反発、メキシコのロペス・オブラドール大統領は欠席しました。

米国と国境を接し、経済的に大きく依存していても、メキシコはこのように独自の外交を行っています。ロシアのウクライナ侵攻にも中立を決めている。一方、バイデンは、七月にデモクラシーとは対極の専制国家サウジアラビアを訪問し、反体制記者殺害の黒幕（米政府も事実と認めています）ムハンマド・ビン・サルマン皇太子とも会談します。米人権外交の二枚舌、ここに極まれり。

渡辺　日本では今回の戦争を契機に、憲法9条改正、防衛費GDP2%増が叫ばれています。二〇二二年七月十日に行なわれた参議院選挙でも争点になりました。そのことについて否定はしませんが、ウクライナ戦争を言い訳にして持ち出すのはやめたほうがいい。それはいささか小賢しいやり方です。今回のウクライナ戦争の経緯をしっかり検証し、日本が世界でどのような立ち位置でいるべきか。そのあたりを見定めたうえで、正攻法で堂々と検討すべきです。

福井　同感です。日本が軍事力を高めたところで、日本の意思でどこまでそれを使えるのか。米国の「傭兵」になるだけかもしれない。

渡辺　そういう意味でも、日本も今回のウクライナ戦争では、人道支援のみ行なう形での中立を目指しても良かったのではないか。

福井　米国と友好的な立場から、「仲介者」として存在感を発揮するチャンスでした。北方領土交渉についても、進展する可能性がありました。プーチンにとって、日本との平和条約締結を進め、少なくとも二島（歯舞《はぼまい》・色丹《しこたん》）返還に合意すれば、ロシアが領土的野心のない国であることをアピールできるわけですから。

渡辺　今からでも遅くありません。駐日米国大使のエマニュエルの目が光っているでしょうが、外務省を通じて、米国に物申すことができないのか。前述したようにドラギ伊首相もバイデンに忠告していますから。

福井　イタリアも日本同様、米国に逆らえない立場にありながら、それでも和平提案しているわけです。

米英の強硬姿勢と距離を置く欧州大陸三大国のドラギ伊首相、マクロン仏大統領、ショルツ独首相が夜行列車でキーウに向かい、六月十六日にゼレンスキー大統領と会談しました。二月のロシア侵攻後、初めての訪問です。表向きは、EU加盟の促進（六月二十三日、正式に候補国となる）や、さらなる軍事支援を約束したとされていますが、今後の和平交渉に向け、かなり突っ込んだ話をしたに違いありません。翌十七日にプーチンは、NATOと異なりEUは軍事組織ではないので、これまでどおりロシアの立場は一貫しているとして、ウクライナのEU加盟に「我々には何の異存もない」（мы ничего не имеем против）と明言しています。

一方、対露強硬外交の一翼を担う英国のジョンソン首相も、仏独伊の三カ国首脳が帰るやいなや、翌十七日に突然ウクライナを訪れ、ゼレンスキーと会談しています。こちらはこちらで、妥協しないよう発破をかけたのでしょう。

ひょっとして、岸田首相も実は面従腹背《めんじゅうふくはい》で、圧力をかわすために米国の言いなりと見せかけて、密かにロシアとのパイプを維持しているのだとしたら大政治家ですが。

渡辺　ちょっと無理でしょうね。ともあれ、すべての国が日本と同じ立場にいます。あとは政治家・官僚の覚悟があればいいのです。

次章では、ウクライナ戦争を含めた「戦争プロパガンダ」を中心に現代史の嘘について考察していきましょう。

第二章

繰り返される「1984」的な「戦争プロパガンダ」

戦争報道につきものの「プロパガンダの罠」に嵌まって正常な思考力を失う大衆。
誰が何のためにフェイクを撒き散らしているかを冷徹に分析することが肝要だ。

「アゾフ大隊」は「ネオナチ」ではなかったのか？

渡辺　ウクライナ戦争でのフェイクニュースがひどい。前章でもネオコンの「プロパガンダ」に少し触れましたが、「ついに狂ってしまったプーチン」「各地で敗北するロシア軍」などと報じる欧米の大手マスコミによる戦争プロパガンダは常軌を逸しています。

その虚実について、ジャーナリストの野田敬司氏が『ＪＦＳＳ（日本戦略研究フォーラム季報）』（二〇二二年四月一日春号　第92号）に「ウクライナ侵攻の背景――民間多国籍調査チームによる現場情報分析の視点から」と題し、読み応えのあるレポートを寄稿しています。野田氏はウクライナ危機が高まった時点で、海外の元民間軍事会社社員や元軍人だけではなく、現地や周辺国の協力者、情報源を含む多国籍の調査チームを独自に編成、現地に投入して情報収集にあたったそうですから、信頼性は高いのではないでしょうか。

その指摘を要約するとこうなります。

まず、ウクライナは「ネオナチ勢力が跋扈する腐敗国家」であり、そんな国家に自衛隊の装備を提供したのは間違っているのではないか、難民支援などの人道支援に徹するべきだった。それに、ウクライナは「日本を脅かす北朝鮮の弾道ミサイルにエンジンを提供したり、中国人民解放軍の戦闘機や艦船に多くの先端技術を提供してきた」事実もあるではないか。アゾフ大隊についても、「ネオナチ民兵組織の中でも悪名高いのが、ナチス親衛隊の紋章を正式な部隊ロゴに使用し、ロシア系住民への激しい虐待を行うことで知られる」と指摘。国連人権高等弁務官事務所の報告書でも「この部隊が民間人の財産を大量に略奪し、またドンバス地方では多くのロシア系住民を不法に拘束、拷問し、さらに一般女性を強姦している」と非難している事実を指摘していました。

寄稿の最後に、自衛隊の迷彩服を着たネオナチの「アゾフ軍」が、ウクライナの東部ドンバス地方でロシア人捕虜や住民を虐待する映像が流れないか……野田氏はそのような懸念を示しています。

福井　野田氏も指摘しているとおり、反露政権樹立後のウクライナを英『ガーディアン』（二〇一五年二月六日付インターネット版）は、「欧州で最も腐敗した国家」と呼びました。

また、今回の戦争を冷静に分析している専門家として、スイス軍情報部門に所属していたジャック・ボー退役大佐の意見は傾聴に値します（https://cf2r.org/documentation/la-situation-militaire-en-ukraine/）。現役時、国連平和維持活動をはじめ、国際的に活躍したボーはウクライナ軍の再建にも関与していました。彼によれば、ウクライナ軍では腐敗が蔓延し、国民の軍への評価は低く、多くの兵士が招集に応じないなか、民兵に頼る結果となりました。

ウクライナ侵攻直前の『ロイター』記事（二〇二二年一月二十七日付）によれば、二〇二〇年時点で、ウクライナ正規軍二十一万人に対し、外国人傭兵も多い民兵が十万人あまりいるとされています。なかでも有名なのがアゾフ大隊です。こうしたいわゆる「ネオナチ」民兵は二〇一四年以降、ロシア系住民が多く今回独立を宣言したドンバス地方で住民迫害を始めました。トランプ政権下で国防長官上級顧問を務め、バイデン政権の対露政策を厳しく批判するダグラス・マグレガー退役大佐も「ウクライナ善、ロシア悪」という単純な構図に異議を唱えています。ところが、こうした専門家の意見に沿った発言であっても、主流派メディアではロシアによる謀略だと一蹴され、SNSでは投稿不可や閲覧禁止になりかねません。

悪意に基づく捏造プロパガンダの数々

渡辺　日本政府はSNSの検閲に対して、何の懸念も示さないのはなぜでしょうか。

そもそも欧米の大手メディアは、二〇一九年、英BBCが音頭を取って、「TNI（Trusted News Initiative＝信頼できる報道を推進する）構想」を打ち立てました。この構想にはCNNやフェイスブック、カナダのCBCなどが参画していますが、要するに彼らが「フェイクニュース」と認定したものは即刻、排除するというもの。

彼らが最初にターゲットにしたのが、トランプの再選阻止です。トランプはNATOの役割は終わったとし、支援金の停止にまで言及しました。それについて、NAT

Oのストルテンベルグ事務総長とも激論を交わしましたが、トランプは論破しています。それでもNATOの東進意欲は強く、トランプ再選を阻止する方向に動き、それに合わせてTNI構想も連動したのです。トランプに都合の悪いニュースは針小棒大に報じ、バイデンに関しては一切流さない。いわゆる印象操作ですけど、さらには〝不正選挙〟もあって、トランプは大統領再選を果たすことができなかった。

福井　彼らの目的は果たされたわけです。

渡辺　では、ここで少し過去の「戦争プロパガンダ」を振り返ってみましょう。

第一次世界大戦中、英国はドイツ軍への誹謗中傷、悪意の増産という面で「戦争プロパガンダ」を濫造《らんぞう》しました。これが先に述べた「レイプ・オブ・ベルギー」です。

福井　二〇〇三年のイラク戦争のときは、「フセインは大量破壊兵器を隠し持っている」というフェイク情報をもとに、米国は攻撃を開始。大量破壊兵器は見つかりませんでしたが、フセインは処刑されました。ネオコンに利用された当時のパウエル国務長官は、のちに後悔を口にし、自らの人生における「汚点（blot）」と述べています。

渡辺　リビアのカダフィ大佐も一方的に悪者にされ、殺害されました。今回のウクライナ戦争でも同じです。プーチンは〝戦争犯罪人〟であるという印象操作を続け、徹底的に叩いている。ロシア軍による虐殺報道にしても、今の段階では全面的に信じるのは危険です。前章で触れたように人権監視官デミソワが吉田清治顔負けの嘘をバラまいていたことがバレました。

福井　同じパターンの繰り返しなのに、みな引っかかってしまう。それが不思議でなりません。国連大量破壊兵器廃棄特別委員会の主任検査官を務め、イラクの大量破壊兵器捜索を担当したスコット・リッターは、開戦前から「大量破壊兵器などない」と主張し、売国奴扱いされました。ところが、フタを開けてみたら実際に何もなかった。毀誉褒貶《きよほうへん》のある人物ですが、リッターは今回のウクライナ侵攻についても、大手メディアの報道内容にはミスリーディングなものや嘘が多いと主張しています。

トランプ、プーチン、スノーデン、そしてオリバー・ストーンの言い分

渡辺　映画監督のオリバー・ストーンが製作にかかわった『ウクライナ・オン・ファ

イヤー』（日本語字幕付き）がユーチューブから削除され、その他の動画サイトでも次々と削除されるなど閲覧不能な状態に追い込まれています。この作品は二〇一四年の親米派によるクーデターや、それ以前から引き続くウクライナを巡る欧米の対ロシア外交の矛盾に迫り、なぜプーチンが今回の軍事行動に及んだのか、その動機に迫るドキュメンタリー作品です。ストーンの立場はリベラル左派。それでも、公正な作品をつくっている。でも、ネオコンなどにとって不都合な事実を描くと、このように排除されてしまいます。

福井　オリバー・ストーンは、トランプ大統領就任直後、二〇一七年一月二十四日付の『朝日新聞』朝刊に掲載されたインタビューで、こう語っています。

「ヒラリー・クリントン氏が勝っていれば危険だったと感じていました。彼女は本来の意味でのリベラルではないのです。米国による新世界秩序を欲し、そのためには他国の体制を変えるのがよいと信じていると思います。ロシアを敵視し、非常に攻撃的。彼女が大統領になっていたら世界中で戦争や爆撃が増え、軍事費の浪費に陥っていたでしょう。第三次大戦の可能性さえあったと考えます」

「米国はこうした政策を変える必要があります。トランプ氏は『アメリカ・ファースト（米国第一主義）』を掲げ、他国の悪をやっつけに行こうなどと言いません」

「彼は、イラク戦争は膨大な資産の無駄だった、と明確に語っています。正しい意見です。第2次大戦以降すべての戦争がそうです。ベトナム戦争はとてつもない無駄でした。けれども、明らかに大手メディアはトランプ氏を妨害したがっており、これには反対します。トランプ氏がプラスの変化を起こせるように応援しようじゃありませんか」

ストーン監督がトランプを評価していることを朝日記者が「意外」と記していることからわかるとおり、日本では必ずしも理解されていませんが、トランプは軍事介入に慎重な政治家として、首尾一貫した左翼からは評価されています。イェール大の学生だったストーンは、多くのエリートがベトナム派兵から逃れようとしたなか、自ら望んで最前線で戦った骨のある人物。一方、自分たちは戦争から逃げたのに、大統領となった後、他国への軍事介入を推進したのがビル・クリントンとブッシュ（子）です。

また、「ウクライナ善、ロシア悪」の枠組みに疑問を呈しているひとりに、元『ガーディアン』記者で、スノーデンの内部告発に協力した著名な左派ジャーナリスト、グレン・グリーンウォルドがいます。日本でも『暴露 スノーデンが私に託したファイル』（新潮社）が出ています。一時はリベラル主流メディアに英雄扱いされましたが、リベラル側の不正も厳しく追及したため、大手メディアから締め出され、独自のサイト（https://greenwald.substack.com/）から情報を発信し続けています。

グリーンウォルドも指摘しているように、米国二大政党のエスタブリッシュメントは超党派で軍事外交政策に関して完全に一致しているため、ヌーランド国務次官のような介入主義者が、選挙結果がどうあれ権力を持ち続けるのです。

ちなみに、映画『スノーデン』を作ったストーンは先のインタビューで、政府転覆など不当な内政干渉を繰り返すＣＩＡを厳しく批判し、そのＣＩＡと対立する点でもトランプを評価しています。そして、自分は信じているけれども、事の性質上、確認できていないと断りつつ、こう述べています。

「映画はスノーデン氏の証言に基づいてつくっています。彼が09年に横田基地内で勤務していた頃、日本国民を監視したがった米国が、日本側に協力を断られたものの監視を実行した場面も描きました。スノーデン氏は、日本が米国の利益に背いて同盟国でなくなった場合に備えて、日本のインフラに悪意のあるソフトウェアを仕込んだ、とも述懐しています。これは戦争行為でしょう」

後でも触れますが、左翼の大御所ノーム・チョムスキーも、ロシアの武力侵攻を戦争犯罪だと非難しつつ、米国のイラク侵攻も同様だと指摘し、侵攻に至るまでの米国の対露強硬外交を批判し、トランプを評価しています。嘆かわしいのは、日本にはストーンやグリーンウォルドやチョムスキーのような、トランプの良い面も指摘する、首尾一貫したリベラル左派が見当たらないことです。

「親米」といっても「親ネオコン」と「親トランプ」に分かれる

渡辺　せめて、ネオコン化した外務省や自民党に対して批判の声を上げてもいいのに（笑）。今、「親米」といっても「親ネオコン」と「親トランプ」、この二つの意味が含まれています。共和党もネオコンが優勢でしたが、トランプによってかなり駆除され、彼らの多くは民主党に移っていますから。どちらの立場なのか明確化しないと、同じ「親米」でも、意見が百八十度違ってしまいます。

福井　西尾幹二先生も指摘されていますが、冷戦が終わるまで、日本の保守知識人は親米の中身を問う必要がありませんでした。「親米」は西側陣営に立脚することを意味しており、ある意味単純明快でした。ところが、米ソ冷戦終結から三十年以上たち、世界のあり方は大きく変化したのに、日本は「親米」の意味を再考していません。何度もチャンスはあったのですが、果たせず今日まで来てしまいました。

しかも、今の親米派の大半はネオコン寄り。米国のクリントン政権で女性初の国務長官を務めたマデレーン・オルブライトが先日（二〇二二年三月二十三日）亡くなりましたけど、日本ではほとんどのメディアが彼女の功績を褒めたたえる記事を掲載していました。『日本経済新聞』は六月十七日付夕刊で「『鉄の意志』持った人道派」だったと絶賛しています。一九九六年五月、彼女は米ＣＢＳの報道番組で、イラクへの制裁でヒロシマより多い五十万人の子供が亡くなったとされることを問われた際、「困難な選択だったけれども、犠牲に見合う価値があったと思う（we think the price is worth it）」と答えました（「五十万人」という数字も否定しませんでした）。自らの「理想」を他国に押し付け、実現するためには、五十万人の子供が死んでもかまわないと言ってのける人物が「人道派」ですか。

渡辺　信じられません。オルブライトこそ〝ネオコンの祖〟と言える人物ですよ。クリントン政権で国務長官をやり、コソボ紛争ではユーゴ空爆を強力に推進した。ジョージタウン大学の教授をやっていた時のゼミの教え子に河野太郎がいますが（笑）。

福井　米国型の政治体制を、武力を使ってでも他国に強制することが正義であり、民衆の犠牲もやむを得ないとして、それを実行した彼女のような人物を「人道派」と褒めたたえることは、自衛以外の武力行使を是認しない我が国の基本方針、とくに護憲派とは相いれないはず。むしろ戦争犯罪人として糾弾すべきでしょう。

渡辺　実際に、イラクやアフガニスタン、リビアでのネオコンのこれまでの〝戦争挑発行為〟に対して反省の声が上がる気配がない。

福井　ネオコンが主導する、自衛権行使とは到底言えない武力侵攻や他国民暗殺は、どう考えても国際法違反なのに、それを指弾する声はほとんど聞こえてきません。ノーベル平和賞受賞者のオバマ大統領は在任中、テロリストを殺害すると称して他国領土でのドローン攻撃を五百回以上命令し、巻き添えになって死んだ一般民衆は数百人、いやそれより一桁多いという主張もあります。そもそも、大国の場合、他国に対外行動を制約されないので、外交は内政の延長になりやすいことを理解すべきです。米国は常にそうです。

渡辺　だからこそ、米国の政界の動きと合わせて、今回のウクライナ戦争を語らなければ、真実は見えてこないのに、プロパガンダの罠にはまり、そういう人があまりに少ないことに愕然《がくぜん》とします。

米国世論は、もうプロパガンダには騙されない

福井　前出のグリーンウォルドは、今回の戦争は、米国の政治・メディア支配勢力にとって好都合であり、米国と同盟国は戦争を可能な限り長引かせようとしていると指摘しています。そのプロパガンダ・キャンペーンに疑問を呈する言論は検閲され、偽情報として葬り去られるとも。チョムスキーも二〇二二年六月十六日のインタビューで、「米国における検閲が私の生涯でこれほどまでのレベルに達したことはなかった」と述べています。

渡辺　中立的な報道によると、二〇二二年三月末の時点では、口頭ベースでのウクライナとロシアとの間では停戦に向けての合意が形成されていました。ウクライナは「NATOには加入しない」ことを和平条件として提示しました。ほかには「ウクライナはNATOに入らない代わりに、安全保障国をつくってほしい」「その国とロシアの了解なく軍事演習はしない」「外国軍によるウクライナ軍の基地の不使用」「安全保障を

担保する国の保障はドンバス地方に適用しない」「クリミアに関しては十五年間の冷却期間」なども条件にしています。ロシアはそれを受け、「ウクライナのEU加盟は認める」というところまで容認・譲歩していました。

ところが、ロシア側が文書化を要求したのにもかかわらず、交渉はその時点で停止してしまった。潰されたのか、生きているのか、現時点ではわかりません。

福井　交渉の初期の段階でウクライナ代表団の一人、デニス・キレエフが射殺される事件が発生しました。ロシア側のスパイという説もありますが、ロシアとの妥協を模索したため、ウクライナの強硬派に消されたのかもしれません。いずれにせよ、凄まじいまでのプロパガンダ合戦が繰り広げられているのは間違いありません。米国ではバイデン政権も大手メディアもネオコンなどの対露強硬派が主導権を握っており、バイデンにしても当初は、「プーチンは戦争犯罪人」（二〇二二年三月十六日）、「プーチンが権力の座にとどまってはならない」（三月二十六日）とまで言及していました。プーチンを追いつめ、レジーム・チェンジを実現したいと考えていたのでしょう。現在では公式に否定していますが。

渡辺　何度も言いますが、米国の内政で最も重要な二〇二二年十一月の中間選挙で、民主党が勝つ見込みはほとんどありません。だからこそ、バイデン政権に巣くうネオコンたちは最後の勝負として何としてでもプーチンを追い落とし、人気回復を狙っているのではないでしょうか。

そう考えると、今回の戦争は中間選挙投票日ごろまでだらだら続く可能性も出てきました。中間選挙で共和党が圧勝したら、前述した「ロシアゲート」（二〇一六年の米大統領選で、トランプ陣営がロシア政府機関と共謀し、米国民の票を不当に操作したというもの）の真相究明が始まります。「ロシアゲート」にかかわっているのはネオコンばかりですからね。

福井　本丸はヒラリー・クリントンでしょう。

渡辺　ジョン・ダーラム特別検察官はヒラリー陣営の創作という認識を示していますから、当然です。「ヒラリーはネオコンではない」という意見も耳にしますが、ネオコンを登用し、リビアの革命（カダフィ殺害）を指導したことを踏まえれば、彼女も立派なネオコンですよ（笑）。

福井　米国世論が冷静なままであることが幸いです。ブッシュ（子）政権下のイラク戦争の時とは様相が異なっています。同じ手には二度と騙されないということでしょうか。

渡辺　バイデン政権が「インフレはプーチンのせいだ」と喧伝《けんでん》しても誰も信じません。ウクライナ侵攻前から米国のインフレが始まっていたことは、みんなの共通認識ですから。

米国の操り人形と化したゼレンスキー

福井　事態は悪化するばかりなのにゼレンスキーが強硬姿勢を崩さないのは、米国の対露強硬派が後ろで操っているからとしか考えられません。

渡辺　ゼレンスキーは米国の〝代弁者〟のような役割をしています。プーチンは別にゼレンスキーを排除したいとは考えていません。ゼレンスキーの発言の八割はプーチンではなく、米国に向けて言っている。米国からの圧力をかわしているのでしょう。

福井　むしろ、完全な操り人形かもしれません。反腐敗を掲げて大統領となったゼレンスキーは、昨年、『ガーディアン』でタックスヘイブン（租税回避地）を利用し、財産を国外に隠していると報じられました（二〇二一年十月三日付インターネット版）。本人が報道に抗議せず沈黙していることから、本当だと思われます。ほかにも不都合な真実が隠されているかもしれない。今は英雄視されていますが、それらのスキャンダルが明るみに出たら、ゼレンスキーには世界中から非難が殺到するでしょう。ゼレンスキーの本音は、悲劇の英雄のまま亡命することかもしれません。

渡辺　アフガンのアシュラフ・ガニ大統領が現金を詰めた車四台と一緒に国外逃亡してもお咎《とが》めなしでした。それと同じ末路になる可能性もあります。

福井　一方で、ウクライナに留まるのであれば、大統領のままでいたいでしょうし、そのためには唯一の後ろ盾と言ってよい米国の対露強硬派の操り人形でも構わないと思っているかもしれません。日本の政治家にとっても他人事ではありませんが（笑）。

渡辺　日本はそんなウクライナを助けることが得策かどうか、それこそ再考すべきです。人道的措置として避難民を受け入れるのはいいとしても、北朝鮮の大陸間弾道ミサイル（ICBM）に搭載されているエンジンはウクライナで製造された可能性が高いし、中国・人民解放軍の戦闘機・艦船の先端技術の提供元もウクライナです。それらの事実を認識しているのか。

福井　そもそも日本は憲法上、自国の防衛に無関係な武力紛争への介入はできないはず。政策論としても、中立の立場を取るべきです。世界中で武力紛争が起こるなか、なぜウクライナは特別扱いなのでしょう。日本政府は、防弾チョッキなど軍事装備品をウクライナに送っていますが、まさにロシアに対する敵対行為そのもの。伝統的な非交戦国の中立義務に違反し、ロシアから敵国として攻撃の対象になりかねません。

ところが、日本政府はロシアと戦うという覚悟を決めているとは到底思えない。

渡辺　前述したとおり、トルコはNATOの一員でありながら、ロシアとウクライナの仲介役として奮闘しています。日本の政府・外務省はトルコを見習うべきです。

福井　外交全般に関して多少とも独自色を出そうとしていた安倍元首相と違い、岸田首相には期待できません。野党もそうした主張をしない。マトモなのは、防弾チョッキの提供は武器輸出に当たると批判した共産党ぐらい（苦笑）。いや、我々には伺いしれない深慮遠謀が岸田さんにはあるのかな。

エマニュエル大使は対日監視役として任命された

渡辺　米国は、そんな日本を自分の陣営に引き止めておくために、策士のラーム・エマニュエルを駐日大使として送り込んだのでしょう。彼は、ウクライナ戦争の勃発する直前の二〇二二年一月に赴任しました。この動きをどう見ますか。

福井　エマニュエル大使は、ビル・クリントン政権で大統領上級顧問を務めたあと、民主党下院議員を経て、バラク・オバマ政権では最側近として大統領首席補佐官を務め、その後シカゴ市長に就任しました。歯に衣を着せぬ言動で敵も多く、今回の大使就任にあたっては、民主党内でも反対がありました。駐日大使としては、かつてのハワード・ベーカー駐日大使（ブッシュ（子）政権）以来の大物政治家でしょう。

渡辺　なるほど。オバマの権力はシカゴを基盤にしています。そもそもオバマを最初に重用したのが、エマニュエルの前任者、リチャード・M・デイリー・シカゴ市長。

シカゴの湖岸開発の際、デイリーは足繁く中国詣でをし、中国マネーによる不動産開発を仕掛け、大プロジェクトを立ち上げています。そのプロジェクトを認可したのが、ヒラリー・クリントンもかかわっている外国投資規制委員会だった。エマニュエルもそういった関係の中で、オバマと懇意にしていたのです。

ジョー・バイデン政権を裏で操っているのは、オバマと見ていい。まさに〝オバマフィア〟とも言える人脈が、駐日大使の就任に生かされた格好です。

福井　米国は伝統的に、英国やフランスなど関係が盤石な友好国に対しては、政治的能力の高いやる気満々の人物ではなく、名誉職として多額の寄付をした大金持ちなどを大使に任命するのが通例です。駐日大使も最近はそうでした。ケネディ大統領の娘であるキャロラインさんは当初上院議員を目指していましたが、能力に疑問符が付き立候補断念、大使で処遇されました。ところが、今回、エマニュエルという国務長官クラスの大物を送ってきた。これは一つのシグナルではありませんか。

渡辺　彼の就任にはネガティブな印象を受けます。日本の外交に対して、意のままにコントロールしようとする思惑があるのではないか。米国内の親中派の流れを反映した人事とも言えますから、注視する必要があります。
そもそもバイデン政権は対中姿勢が厳しいと思っていること自体、間違いです。見てください、中国と司法取引をし、ファーウェイのＣＦＯ、孟晩舟《もうばんしゅう》をあっさり解放したではありませんか。

福井　裏取引がなかったとは考えにくい。

渡辺　バイデンの息子、ハンターは中国の実業家が立ち上げた投資ファンドの役員に就任しており、脱税疑惑も取りざたされています。それらの疑惑については緘黙《かんもく》せよと持ち掛けた可能性があります。
もう一つの可能性もある。米国は国内世論を踏まえて、対中では強硬姿勢のポーズをとる。その代わり、日本の態度を若干でも親中にさせてバランスをとる。そんな密約を米中で交わしたのではないか。岸田政権の対中外交のフラフラした態度を見ると、そう思わざるを得ません。エマニュエルは、そういう意味での使者として、監視役として日本に送り込まれたのではないか。実際、エマニュエルは大変な策士で、ヒラリー陣営の資金集めを成功させ、共和党陣営の分裂工作を仕掛けたこともあります。

福井　同盟国といえども、外交は騙し合いですから、バイデン政権の底意を読み解く必要があります。スノーデンによれば、日本も米国のスパイ活動のターゲットなわけですから。ドイツのメルケル前首相は現職時、自らの携帯電話がＣＩＡに盗聴されている「可能性」について、米国政府に釈明を求めましたし。

渡辺　ともあれ、そのエマニュエル大使は、ファーストリテイリング（ユニクロ）会長兼社長の柳井正氏に直接電話し、ロシアから工場を撤退しろと指示を出しています。こんな内政干渉を許していいのか。日本の駐米大使が米国企業に「ああしろ」とか「こうしろ」と指示を出したら、米国にいられませんよ。私は柳井氏の経営理念を苦々しく見ていますが、それとこれとは別です。

福井　米国が日本を属国扱いしていること、日本政府もそれを当然視していることは否定できません。

渡辺　今回のウクライナ危機について言えば、エマニュエルの使命は、日本の親露派を抑え込むことにある。今後もエマニュエルの動向は注視すべきです。

福井　しかし、一般の米国民は自国とロシアが対立してもメリットは一つもありません。

渡辺　ネオコンは「ロシアゲート」の真相を誤魔化すため、とにかく〝悪いロシア〟という虚構をプロパガンダを駆使してつくり上げようとしている。

福井　ネオコンの根強い反ロシア姿勢もあるのでしょう。第二次世界大戦前も、英国側にはロバート・ヴァンシタート外務次官のような極端な反独派がいました。合理的に説明がつかないほど病的にドイツを嫌っていましたが、ネオコンのロシア嫌いもそれに似ています。反ソということなら理解できますが。

渡辺　米国、もっと言えばネオコンが何よりも恐れているのは、ロシアのエネルギーに依存する形で欧州が自立することです。

福井　そうですね。米国のエスタブリッシュメントは、リアリストであれネオコンであれ、ドイツ・日本を永遠に属国化しておきたい。ところが、ロシアからのパイプラインが二つつながれば、ドイツは米国抜きでエネルギーを確保できる。それは米英にとって一番避けたいことです。ドイツはビスマルクの時代からロシアとの連携を重視してきました。

ところが、米国はこれまで執拗に、自国の一極支配に抵抗するプーチンを悪者として扱い、ロシアと欧州、特にドイツが経済的に強く結びつかないよう画策しています。前述のスイス軍ボー退役大佐も、米国は独露連携を常に妨害すると言っています。

渡辺　ロシアとドイツをつなぐ天然ガス海底パイプライン「ノルドストリーム２」まで完成させた上でのことですからね。

福井　投資させた上で、使わせないことを最初から決めていたとしたら、すごい策士ですよ（笑）。

渡辺　でも、ドイツには環境左翼が根強く存在し、緑の党も政権入りして国内の原発稼働は停止しています。ノルドストリーム２の開通に関してはバイデン政権も承認し、ドイツの議会承認を待つだけだった。ネオコンはドイツをロシアから離反させたいのに、なぜ開通を承認したのか。ネオコンのしていることは支離滅裂で破綻しています。

ネオコンは「プロパガンダ」を濫造し、「最後の戦い」を仕掛けている

渡辺　ところで、ロシア国防省の報道官、コナシェンコフによると、危険な病原体の

緊急廃棄はウクライナ保健省からの指示で、ウクライナと米国が「生物兵器禁止条約」に違反した事実を隠すことが狙いだったと分析しています。どうやらバイデンの息子のハンターが活動の資金調達にかかわっていたとも報じられています。かなり根が深い問題です。

福井　前章でも指摘しましたが、二〇二二年三月に開かれた米議会の公聴会で、共和党のマルコ・ルビオ上院議員は、おそらくきっぱりとした否定を期待して、ヌーランド国務次官に「ウクライナが化学兵器または生物兵器を保有しているか」と質問したところ、ヌーランドは「ウクライナには生物研究施設がある」と事実上認める回答をしました。

渡辺　何度も言いますが、ヌーランドは民主党のネオコンの代表格です。

福井　ヌーランドは言い訳がましく「ロシア軍が施設を掌握することを憂慮し、そうならないようウクライナと協力している」と主張していますが、生物・化学兵器研究はロシアでも当然行われていますから、今さらウクライナの研究成果など欲しくありませんよ。米国が実は国内で禁じられている生物化学兵器の研究をウクライナで密かにしていたことを糊塗《こと》するために、プーチン・ロシアに責任転嫁しようとしていると しか思えません。東欧諸国で米国はやりたい放題。公式に存在を認めたのはポーランドだけですが、ブラック・サイトと呼ばれる、テロ容疑者を拷問するＣＩＡの施設もありました。東欧だけでなく世界中にあるようで、アジアではタイにありました。さすがに日本にはなかったと思いますが。

渡辺　表では綺麗ごとを言いながらも、裏で汚いことをやる米国は、冷酷な国家だと改めて実感します。

福井　敵と見なすとあらゆる手段を駆使して徹底的に叩きますが、突然、慈悲を示すこともある。このあたり、予想がまったくつきません。

渡辺　太平洋戦争（大東亜戦争）の時、原爆投下の候補地を検討する際に、当時、陸軍長官だったスティムソンは「京都は極東の文化史上重要で芸術品も数多い」という理由で候補から外しています。あれだけ狂信的な反日的な男が、そのような慈悲を示す。長老派的な性格なのかもしれませんが、不可解極まりありません。

福井　むしろ、プーチンのほうが予測しやすいですよ。国際政治の波乱要因はいつも米国の気まぐれです。ゼレンスキーが米国を出し抜きロシアと妥協したら、ネオコンはハシゴを外されてしまいます。戦争終了後に、ウクライナ各地での民衆虐殺を主導したのが、仮にその一部でも、実はウクライナ正規軍に事実上組み込まれている「ネオナチ」民兵だったということでも判明したら、それこそ国際世論は憤激するでしょう。

渡辺　そこでプーチンを何としてでも〝現代のヒトラー化〟しようと、あの手この手を使ってプロパガンダをやっている。〝敵国指導者のヒトラー化〟は、プロパガンダの定番になっています。

福井　それが米国のいつものパターンですから。

イラクのフセインもそういう扱いを受けました。フセインはイスラム教が全人的影響力を持つイラクで、男女共学などを推進した宗教色の薄い近代的政治家でもあり、フセインの下で、イラクは強国化の道をたどっていました。それを恐れた米国が湾岸戦争やイラク戦争を仕掛け、フセイン排除の方向に動いたという考え方も、根拠なき陰謀論とはいえない。しかし、あの頃に比べて今の米国は、中国の台頭もあり、相対的に弱体化していますから、やりたい放題できなくなってきてはいます。

渡辺　だからこそ、ネオコンはありとあらゆる「プロパガンダ」を濫造し、「最後の戦い」を仕掛けているのではないでしょうか。

ロシア系住民が迫害されているというプーチンの主張は嘘ではない

渡辺　捏造されたプロパガンダ以外にも、「国際法」的にロシアの侵略を非難する向きもありますね。例えば、慶應大学の細谷雄一先生は、ロシアの行動は、国連憲章二条四項の国際紛争解決のための武力行使を禁ずる国際法違反であると分析していましたが、これも無意味な議論です。

福井　「国連＝安全保障理事会」と言ってもいい。それ以外の国連組織・機関は極論すれば何の意味もありません。その理由は拒否権の存在です。拒否権を持つ安保理常任理事国五カ国（米国・英国・フランス・ロシア・中国）は、五カ国以外に対して絶対的優位性を持っています。日本を代表する国際法学者、田岡良一（故人。元京都大学教授）は、この五カ国に拒否権を与えたことで、個別自衛権発動以外の武力行使には国連の承認が必要とした当初の構想は実現せず、「その死骸を［国連憲章］第五十三条一項の中に留めた」（『国際法上の自衛権』勁草書房）と喝破《かっぱ》しています。もともと集団的自衛権などという発想はなかったのです。

渡辺　「集団的自衛権＝軍事同盟」でしょう。

福井　国連は、国家の安全を自らの軍備の拡張や他国との軍事同盟ではなく、加盟国が協力し不正な武力の行使を防ぐ体制をつくることで平和を保障（集団安全保障）するはずだったのに、拒否権が認められてしまった。当然、機能不全に陥ることは米国も理解していました。そこで「集団的自衛権」という名の軍事同盟を容認するしかなかった。個別的自衛権とは異なり、集団的自衛権が国家固有の権利なんてまやかしです。

第一次大戦後に創設された国際連盟も常任理事国（当初は日本・イギリス・フランス・イタリアの四カ国、のちにドイツが加わり、日独脱退後、ソ連が加わる）が主導しており、年一回の総会は小国の不満解消、ガス抜きのための「弁論大会」に過ぎなかったのです。それでも、紛争当事国は議決から除外されたので、現在の国連とは異なり、常任理事国といえども、日本は満洲問題で勧告を受け、イタリアはエチオピア侵攻で経済制裁の対象となり、ソ連はフィンランド侵攻で除名されました。

渡辺　国際連合の機能不全ぶりを見ると、パリ講和会議以降のヴェルサイユ体制が、ずっと尾を引いたままと言えるのではないでしょうか。ヴェルサイユ体制はドイツを中心にした中央同盟国（オーストリア＝ハンガリー帝国・オスマン帝国・ブルガリア王国）に大戦の責任をすべて押しつける極めて据わりの悪いものでした。欧米は何とか修正しようとしましたが、ダメだった。その結果、第二次世界大戦が勃発したのです。

チェコスロバキアを例にとりましょう。チェコスロバキアはドイツが一九一八年十一月十一日に休戦に応じたのに乗じて、ズデーテン地方やハンガリー領土の一部など、英国やフランス、米国、ポーランドから文句を言われる前に、火事場泥棒的に領土拡大を進めました。

パリ講和会議の際、チェコスロバキアの行動にさまざまな国から非難の声が上がりました。チェコスロバキアはそれを受け「我々はドイツ・フランス・ロシアの間に立って、中立的な緩衝国家になる。我々が引き入れた少数民族の言語は尊重する」と約束しました。ところが、フタを開けてみると、チェコ語を強制しています。チェコスロバキアは今のウクライナに似ています。二〇一四年、ウクライナは法律（Kivalov-Kolesnichenko law of 2012）で決められていた公用語としてのロシア語の使用を中止し、ロシア系住民にもウクライナ語の強制を始めていた。

福井　国際連盟は「少数民族を保護する」ことを謳い文句にしましたが、実際は無力で、東欧に誕生した新独立国におけるドイツ系住民など少数民族への差別は改善されませんでした。ウクライナの国境も何度も変わっています。第一次大戦まで西部ウクライナはオーストリア＝ハンガリー帝国に属し、ポーランド人、ウクライナ人、ユダヤ人が多く住んでおり、その中心都市のリビウは、レンベルクと言いました。その後、ポーランド領になると、ルブフに。ところが、第二次大戦でドイツがポーランドに侵攻し、独ソ不可侵条約秘密議定書に基づき、ポーランドが分割され、ソ連領になり、リボフに。

こうして、もともとロシア・ソ連に属していた東部とともに、統一ウクライナが誕生し、今の独立国ウクライナになったのです。

現在「ネオナチ」と呼ばれているウクライナ人至上主義者の祖で、ウクライナで英雄視されているステパン・バンデラは、ポーランド支配下の西部で反ポーランドの地下活動を始めました。その後、侵攻したドイツ軍と協力し、戦後は西ドイツに亡命しましたが、ソ連情報機関に謀殺されました。

こうした歴史的経緯から、「ネオナチ」勢力はもともとポーランド領だった西部を基盤としており、ソ連領だった東部での影響力は小さかった。東部にはロシア系住民も多く、彼らが「ネオナチ」に迫害されているというプーチンの主張は嘘ではありません。

強欲な小国の惨めな末路——歴史は繰り返す

渡辺　かつてのポーランドもチェコスロバキアと同じく実に強欲でした。それもあって、結局、ポーランドとチェコスロバキアは国が消滅したり分裂するという悲劇を体験しています。因果応報ではありませんが、ずるいことをするとそれに応じた報いを受ける。

福井　小国は大国を手玉に取ったつもりでも、最終的にはやられます。歴史はその繰り返しです。

渡辺　第二次世界大戦の時のポーランドと同じような状況に、ウクライナが陥る可能性も考えられます。

福井　本物の専門家は当初から冷静に分析しています。元米軍人のジャーナリスト、ウィリアム・アーキンによれば、米国防情報局（ＤＩＡ）分析官は、ロシア軍の行動は抑制的で、首都キーウ（キエフ）を直接攻撃せず、意図的な一般市民攻撃も行っておらず、プーチンは交渉の余地を残すことに腐心していると指摘しています（二〇二二年三月二十二日付『ニューズウィーク』インターネット版）。大規模な空爆でイラクを焦土化した米軍との違いは明白です。その後も、『ニューヨーク・タイムズ』（五月四日付）は、ロシア軍が抑制的に対応していることを認め、あれこれ論評したうえで、前述のプーチン支持論文発表前のトレーニンの言葉を引用しています。プーチンは「根本的には合理的」（fundamentally rational）であると。

渡辺　ロシアが戦いの拡大を避けようとしていることがみえみえなのに、米国はお構いなしに焚きつけている。

福井　ナチス・ドイツも、当初は英米とは衝突するつもりはなく、抑えた行動を取っていました。ヒトラーの親英ぶりは当時も有名でしたし、エドワード八世やロイド・ジョージなど、それに応じようとする勢力も英国には存在しました。また、ヒトラーは反ポーランドだったドイツの伝統的保守勢力と異なり、ソ連との間の防波堤となることを期待し、ポーランドには融和的でした。

渡辺　ドイツ・ポーランド不可侵条約（一九三四年締結。両国は、以後十年間にわたって、諸問題を両国の交渉によって解決し、武力を用いないことを誓約）まで結んでいましたから。

福井　ワイマール共和国時代、ドイツの国論はバラバラでしたが、右も左も反ポーランドでは一致していました。その理由は第一次大戦後、西プロイセンなど、ドイツの東部領土をポーランドが奪い、少数民族となったドイツ系住民を差別・迫害したからです。ところが、オーストリア出身のヒトラーは、そこまでプロイセンに思い入れはなかったように思います。一方、ヒトラーは旧オーストリア直轄領だったチェコにはこだわった。

渡辺　ヒトラーはポーランド侵攻の前日まで、外交で決着させようと交渉を続けていました。

福井　ギリギリまでダンツィヒとドイツ本国・東プロイセン間を連絡するポーランド回廊の帰属交渉を続けましたが、英仏が必ず助けると伝えていたので、ポーランドは強気に出てドイツとの交渉をはねのけてしまった。また、米国は反ヒトラーの独外交官を通じて独ソ不可侵条約秘密議定書の内容を知りながら、ポーランドに伝えなかった。伝えなかったどころか、開戦前日の八月三十一日、ルーズベルト側近のウィリアム・ブリット駐仏大使はポーランドの駐仏大使に、信頼できる情報によれば、独ソ交渉ではポーランドとルーマニアは取り上げられておらず、秘密議定書はバルト三国に関するものだと伝え、ポーランドを「安心」させているのです（『パリの外交官1936－1939　ウカシェヴィチ大使文書・回想録』コロンビア大学出版局、未訳）。英仏の支援に加え、ソ連の介入はないと信じたポーランドの徹底した強硬姿勢を前に、ドイツは万策尽きたとしてポーランド侵攻を決断したのです。英仏の対独宣戦布告後も、ヒトラーは早期の戦争終結を望んでいました。

渡辺　ポーランドは秘密議定書の存在は知りませんが、不可侵条約の成立は知っていました。その事実だけでもドイツとの何らかの妥協を探るべきでした。大国と交わす約束手形ほどアテにならないものはありません。今回のウクライナ戦争でも、米英はウクライナに軍事支援をしながら、それ以上の手出しをしない。本音ではウクライナ一国など歯牙《しが》にもかけていないのでしょう。我々日本人は大国の冷酷さを改めて知る必要があります。そうすれば、いたずらに、虚実入り乱れたプロパガンダ満載のもっともらしい議論に振り回されることもないのですから。

次章では、なぜ、戦争はなくならないのか、戦争に「正しい戦争」、「不正な戦争」とがあるのかについて考察していきたいと思います。

第三章

「正しい戦争」と「不正な戦争」とがあるのか？

第二次世界大戦、朝鮮戦争、ベトナム戦争、イラク戦争は「正しい戦争」だったのか。勝者の視点からのみの戦史解釈を敗戦国に押しつける歴史観は再検討されるべきだ。

「不戦条約」は拘束力を持たず政治的パフォーマンスに過ぎなかった

渡辺　今回のウクライナ戦争がいつ終結するかはともかくとして、この戦争によって、「戦争のあり方」が変わる可能性は高い。

福井　主権国家はそれぞれが平等で、その上位機関は存在しないはずなのに、米国や欧州各国が中心になってロシアに対し、国家が国内の犯罪組織に対処するかのような、懲罰的制裁を行っているのは、ロシアが「不正な戦争」を始めたという考え方が前提にあるといえます。

一方、米国が主導したＮＡＴＯのセルビア空爆や米国の中東軍事介入は、自国への武力攻撃に対する自衛とは到底言えないし、国連安保理の承認も得ていません。しかし、あの時には、米国を制裁すべきとか、当時のクリントン大統領やブッシュ（子）大統領らは戦争犯罪人だといった主張が、欧米主流派メディアでまともに取り上げられたことはありませんでした。それは、自由と民主主義を守るための「正しい戦争」

だからということなのでしょう。

ドイツの法学者カール・シュミットは第一次世界大戦後、戦争概念が変化していると指摘しました（『差別的戦争概念への転換』ドゥンカー&フンブロート、未訳）。価値中立的概念だった戦争が、「正しい戦争」「不正な戦争」に区別されるようになったのです。

そうなると「中立」の概念がなくなり、仲介国も存在しなくなります。しかも、負ければ「不正な戦争」を行ったとして過酷な処遇が待っており、お互い死に物狂いで戦わざるを得なくなる。凄惨《せいさん》な宗教戦争後、一旦清算されたかにみえた正戦論が両大戦を経て復活し、日本は東京裁判で一方的に断罪されました。

渡辺　福井先生の『日本人が知らない最先端の「世界史」不都合な真実編』（祥伝社黄金文庫）《V「不戦条約」と日本の運命》でも、そのあたりについて言及されていますね。

福井　第一次世界大戦までは、大国が勢力圏内の小国や植民地を煮て食おうと焼いて食おうと、他の大国が干渉するところではないというのが共通理解でした。それをどこよりも実践していたのが英米だったわけです。

渡辺　ところが、「不戦条約」（一九二八年調印、翌年、日本を最後に原締約国すべてが批准し発効された）が生まれてしまった。

福井　第一次世界大戦後、英仏米は「正しい戦争」に勝ったという前提で、ヴェルサイユ条約をドイツに押し付けました。ただし、正戦論は新たな国際規範とまではならず、戦犯に指名されたドイツ皇帝は中立国だったオランダが亡命を受け入れ、英仏は共和国となったドイツを国際連盟に一九二六年に常任理事国で迎え入れます。当時のドイツは第二次大戦後の日独と違い、決して「反省」などしていなかったのに。

渡辺　前章でも述べたように、ヴェルサイユ体制はドイツを中心にした中央同盟国に大戦の責任をすべて押しつける極めて座りの悪いものだったのです。

福井　集団安全保障体制を目指した国際連盟でも、まずは交渉、それで決着がつかない場合は戦争も止むなし、という姿勢でした。すべての戦争が違法化されたわけではありません。一方で、第一次世界大戦によって欧州は焦土と化し、反戦・厭戦《えんせん》気分が高まっていたのも事実です。

まず戦争禁止に向けて実効性のある制度を構築しようと、一九二四年に国際連盟総会で採択されたのが「ジュネーブ議定書」です。しかし、批准されることなく立ち消えとなりました。それでも戦争廃絶を訴える世論の声は大きい。そこでその声に応える形で登場したのが「不戦条約」です。不戦条約後に公刊された、ハンス・ケルゼン、ディオニシオ・アンチロッティ、アルフレート・フェアドロスなど、欧州の国際協調派の指導的国際法学者が執筆した書物を読むと、武力攻撃に対する反撃という意味での自衛に限らず、国家は戦争という手段に訴えることができるというのが、一九二八年の不戦条約成立後も、まだ通説的理解であったことがわかります。

渡辺　貴重な証言です。

福井　しかも、一九二九年の米国国際法学会年次大会の不戦条約に関するセッションにおける国際法学者たちの議論をみても、不戦条約の法源性は否定されています。戦争放棄の理想を裏切る国際政治の実態を厳しく批判していたエドウィン・ボーチャード、イェール大教授でさえ、「この条約は法的効果の点では、要するにゼロ（nothing）」と認めていました。前出の日本を代表する国際法学者で京大教授だった田岡良一も、第二次大戦後に書かれた教科書（『国際法Ⅲ』有斐閣）で、条約の拘束力を否定していま す。戦前日本の軍事外交政策の良し悪しは論じるべきですが、「違法だから悪い」という議論はできないのです。

実際に不戦条約は当初、なんら拘束力を持たず、世論向けの政治的パフォーマンスに過ぎないことは米国政府も承知のうえだったのですが、満洲事変のとき、日本を責めるのによい口実になったのです。

渡辺　東大の加藤陽子教授は「日本の満洲事変は不戦条約に違反したため罰せられた」(『戦争の日本近現代史』講談社現代新書など）という歴史観、要するに日本侵略史観に縛られています。しかし、福井先生がおっしゃるように、不戦条約は実にいい加減なものだったのです。ところが、加藤教授をはじめ、多くの日本の歴史学者はその事実を取り上げません。

フーバーがスティムソンを国務長官に任命したのは大失策

福井　第二次世界大戦後、戦勝国が東京裁判やニュルンベルク裁判で、捕虜の虐待など通常の戦争犯罪ではない国家の政策遂行を戦争犯罪として断罪しようとした際、事後法による処罰ではないかと、戦勝国でも批判の声がありました。そこで利用されたのが、侵略戦争を禁止したとされる不戦条約なのです。要するに加藤さんのような歴史学者は、当時の国際法理解を無視した東京裁判史観から何も脱していないのです。

渡辺　もう一つ押さえておきたいのは、不戦条約が生れた背景には、英仏が米国を国際連盟の一員に引き込みたいという意思が強く働いていたことが大きかった。米国は議会で共和党が欧州問題非干渉の原則（モンロードクトリン）を主張したため、ヴェルサイユ条約を批准できず、連盟に参加できませんでした。そのため、オブザーバーとしての参加を続けていたのです。現実には米国の意向が働く形にはしていましたが、国際紛争が起きたときに、連盟のメンバーとして公式参加できない。その一方、英仏は米国を事実上の連盟メンバーのように機能させようと、不戦条約を利用したのです。

福井　当時はフーバー共和党政権でしたが、日本に対して必ずしも強硬姿勢で一致していたわけではありません。国際連盟を舞台にした満洲事変をめぐる交渉では、前副大統領で駐英大使のチャールズ・ドーズが中心になって、日本の顔も立てながら、丸く収めようと動いていています。米国政府内は対日政策において、まだら模様だったのです。

渡辺　ところが、フーバーはスティムソンを国務長官に据えていた。スティムソンは「善と悪の世界が存在する（善悪二元論）」と考えている男で、最初から日本嫌いの外交を展開しました。前にも指摘したとおり、典型的な「長老派的」政治家でした。敬虔なのはいいけど、物事を黒か白かで判断する悪癖があった。とにかく、ヴェルサイユ体制を少しでも揺るがせるような外交を執る国は許さないという非常に硬直した信念を持っていた。

福井　彼の「スティムソンドクトリン」（一九三二年一月の声明）は、不戦条約に抵触する手段でもたらされた状況、条約あるいは協定は一切認めない、つまり満洲に関する武力による現状変更は認めないという米国政府の不承認政策の表明です。ただし、法的には認めないということであって、それ以上のものではないと解釈することもできます。実際、今のロシアと違い、日本に経済制裁が課されたわけではありません。むしろ、一九三三年四月の講演でウィリアム・キャッスル前国務次官が明らかにしたように、フーバー大統領は制裁を避けるため、不承認宣言を出したのです。

渡辺　また、満洲事変の際、連盟はリットン調査団を派遣しましたが、その調査員に米国の日本嫌いのフランク・ロス・マッコイ陸軍将軍を米国代表として参加させたのです。マッコイは反日主義者であるだけでなく、白人至上主義者でした。スティムソンの忠実な部下でもあった。

だから、知日派だったジョセフ・グルー駐日大使に対しても「日本の満洲での行動を正当化する二つの主張（自衛のため、民族自決のため）は偽りだ」と頭から断罪したのです。

ともあれ、スティムソンを国務長官に起用したことは、フーバー大統領の大失策であり、日本にとって不幸でした。

ただ、スティムソンの反日的な外交方針に対して、フーバーは抑制的に振る舞うよう指導しています。リットン調査団の報告書を読むと、満洲は、名目上は中国の一部であるものの、事実上は中国本土から切り離された、日本の保護国と類似の地域であると認められています。さらに、「ソ連の工作が非常に激しく、それに対抗するために満洲に進出した」と。つまり、日本をそれほど悪者視していません。しかし、当時の日本の政治家や外交関係者は、反日的なマッコイが参加したことに対して、腸《はらわた》が煮えくり返る思いがあったに違いありません。その反発から、日本は連盟脱退へと舵を切ることになったのではないでしょうか。

それにしても、スティムソンは満洲が極東に勢力を伸ばそうとしている共産主義勢力を押しとどめる防波堤であり、日本にとってはまさに死活問題であったことを全く理解しようとしなかった。要は、共産主義の脅威に関して鈍感すぎました。彼のもとには、当時の満洲の事情を北京や、東京に駐在するアメリカ外交官からもソ連の東進と諜略工作を警戒すべきとする報告が数多く伝えられていました。

グルーも、マッコイの先の日本断罪を危ぶみ「米国が日本の立場に全く理解を示さなければ軍国主義勢力を刺激し、むしろ彼らの力を伸ばすことになる」「米国がいかに反発しようと日本の対満洲政策は変わらない。従って日本の立場も考慮した外交に切り替えるべきだ」と本省に意見具申をしたのですが、スティムソンには馬耳東風でしかなかった。

福井 一九二五年から一九二九年まで米国の駐中公使（大使が派遣されるのは一九三五年以降で、当時の最高位）だったジョン・マクマリーは、バルト三国兼任公使在任中の一九三五年に、中国に関するメモランダムを本省に提出します。その内容は、結局、米国の外交政策には反映されなかったものの、日本の立場をよく理解したものでした（アーサー・ウォルドロン編『平和はいかに失われたか』北岡伸一監訳、原書房）。そこにはこう記されています。

「列強諸国の文字通り真摯で誠実な努力（genuinely earnest and loyal efforts）―各国が中国と協力して『不平等条約』の状態を解消させ、ワシントン会議の精神に具体的な成果を与えようとする努力―を挫折させてしまったのは、ほかならぬ中国側であったといえる」

「我々は、日本が満州で実行し、そして中国のその他の地域においても継続しようとしているような不快な侵略路線を支持したり、許容するものではない。しかし、日本をそのような行動に駆り立てた動機をよく理解するならば、その大部分は、中国の国民党政府が仕掛けた結果であり、事実上中国が『自ら求めた』(asked for it) 災いだと、我々は解釈しなければならない」

ロシアのウクライナ侵攻に関するミアシャイマー教授の見解を彷彿とさせます。

渡辺　共和党のフーバー政権で国務長官を務めたスティムソンは民主党のＦＤＲ（ルーズベルト）政権ともかかわっています。ＦＤＲ政権の発足前、スティムソンはＦＤＲの自宅に行き、「私の外交方針（スティムソンドクトリン）は維持してくれ」と訴えています。スティムソンの要求を呑んだＦＤＲは、日米戦争直前の一九四〇年に彼を陸軍長官に登用しました。スティムソンは共和党員であるにもかかわらずです。これは、いま、ネオコンが時には共和党政権の要職についたり、民主党政権の要職についたりするようなものです。

福井　ルーズベルトに関して言えば、現実を重視する政治家らしい政治家であり、当初から強烈な反日感情を抱いていたようにも思えません。ルーズベルト政権が対日強硬外交を始めるのは、一九三七年ごろから。この頃、ニューディール政策の失敗が明らかになり、景気が再度悪化し始めます。現在と違い、民主党には南部を中心に保守派議員も多かったため、与党といえども大統領と一枚岩とはいえず、ルーズベルトは政治的危機に立たされていました。そこで起死回生の策として対日独強硬外交にシフトしたと考えることもできます。

渡辺　今のバイデン政権とよく似た状況だったわけです。米国内の政治の動向を把握しないと、米国外交の意図は理解できません。

米国の「保護国」「自治領」の地位に安住するな

福井　ただし、日本にも問題がありました。中国の主権・独立と領土的・行政的保全を尊重し、中国における門戸開放と機会均等を約した九カ国条約（中国・日本・米国・英国・フランス・イタリア・ベルギー・オランダ・ポルトガル、一九二二年二月調印）で、日本は満洲における中国の主権を認めていました。ところが、満洲国を独立国家として承認したことで、満洲に対する中国の主権を否認してしまった。それにより、国民政府の対日協力を困難にする一方、日本と連携しようとする蔣介石《しょうかいせき》を非難する絶好の口実を中国共産党に与えてしまったのです。満洲が形式上中国に属する日本の勢力圏内の一地域のままであれば、こういった波風が立たずに済んだわけです。

その点、ソ連は老獪《ろうかい》でした。帝政ロシア以来影響下にあった北（外）モンゴルには、一九二四年、モンゴル人民共和国が誕生します。日本では欧米がソ連のモンゴル支配を容認しながら、日本の満洲支配を批判するのはダブルスタンダードだという主張がありましたが、両者には大きな違いが二つありました。

一つは住民のほとんどが中国本土からの移民とその子孫だった満洲と違い、モンゴルに住んでいたのは、ほとんどがモンゴル人であったこと。もう一つは、モンゴルが法的には独立国ではなく、ソ連が表向き中国の主権を認めていたことです。もちろんソ連はモンゴルの中国からの完全分離を狙っていました。一九四五年、ヤルタ会談で、ソ連は対日参戦の見返りの一つとして、南樺太や千島列島の領有に加え、モンゴル人民共和国の中国からの正式の独立、つまり、ソ連による完全衛星国化を英米首脳に認めさせます。その結果、一九四五年に締結された中ソ友好同盟条約で、国民政府はモンゴルの独立を承認せざるを得ませんでした。日本もソ連と同じように、満洲での中国の形式的主権を認めていれば、国際連盟からの脱退もなく、日本の行く末は大きく異なっていたでしょう。

渡辺　ただ、現実的には張作霖《ちょうさくりん》らクセ者の軍閥が実権を握っていました。

福井　米国は今も昔も、その独善的正義感から他国の国民感情を土足で踏みにじるような発言を平気で行います。だから、そういう国だと割り切って、柳に風と受け流し、満洲における中国の主権を表向き承認し、国際連盟にとどまったまま、責任ある地域大国としてふるまっていればよかったのかもしれません。

渡辺　独立後の満洲を視察した米国の実業家のレポートを見ると、「満洲はうまくいっている」という内容ばかりです。しかし、そういった事実を握り潰したのが、スティムソンを長官とする国務省でした。

福井　建前重視の米国は満洲国との外交関係を一切認めませんでした。満洲国との間で領事館設置を認めたソ連とは大違いです。ソ連国内には複数の満洲国領事館があったんですよ。

渡辺　スティムソンドクトリンが影響を及ぼしていたわけです。

福井　ともかく米国は一極覇権主義であり、ライバルとなる大国は排除したかった。

英国、日本、ドイツ、そしてソ連が米国にとって目の上のタンコブでした。第二次世界大戦で、英国を没落させ、日本とドイツを叩き潰《つぶ》し、そして、一九九一年にソ連は自壊し、待望の一極支配が実現しました。

渡辺　ところが、プーチンの登場で再び新たな勢力圏が生れたため、米国はいきり立っているわけです。中国の台頭、覇権主義も米国からしたら許せないでしょう。

「ロシア悪玉論」ばかりの言論封殺

福井　習近平は、プーチンと同じく米国の一極支配を認めず、中国の勢力圏拡張を目論んでおり、米国には屈服しないという姿勢を見せています。中国勢力圏に主観的には台湾が入っているのは間違いありません。一方、良くも悪くも独立独歩だった戦前日本と違い、戦後日本は米国の「保護国」あるいは「自治領」の地位に安住し、国民も政治家も、本当の意味での軍事外交とは無縁に過ごしてきました。しかし、太平の世も終りに近づいたようです。

渡辺　そうですね。日本の子供たちが学校で使う「世界史の教科書」では、戦前の日本は完全に悪者、「不正な戦争」をした侵略国家として記述されています。しかし、当時の大国の思惑（実際には小国のずる賢い魂胆《こんたん》も絡んでいますが）を客観的に分析する必要があります。その中で日本は翻弄され自滅し、一方的に悪者国として断罪されたのです。今後はさらに「歴史修正」の研究が進み、「戦勝国は善ではなかった」「第二次大戦は英米による『正しい戦争』ではなかった」と、一般的な評価が逆転する可能性も秘めています。

今回のロシアのウクライナ侵攻だって、ロシアは全面悪で、ウクライナは全面善という扱いですが、後世どういう評価になるかわかりません。我々は事実を冷静に多面的に分析することが肝要です。現時点でのマスコミの論調はロシア悪玉論ばかりで、言論封殺に似た現象が見られますが、そこに風穴を開けるのは、ツイッター買収騒動で話題にもなったイーロン・マスクではないか。「だれもが自由に物言える広場（プラットフォーム）にしていきたい」とツイッターに関して、さまざまな改革案を発表しています。

買収は最終段階にきており、買収成立の模様です。今後はなんらかの形でツイッター上で〝検閲〟を受けていた言論も許される可能性が出てきています。実際に米国の保守言論人はツイッターの舞台に戻っている。買収後にはトランプの個人アカウントの永久凍結も解除する方針をマスクは示しています。新型コロナワクチンの本当の「効果」についても、隠されていたデータも表に出てきて合理的な議論が可能になるかもしれません。

福井 案の定、リベラル主流派は「ヘイトスピーチや偽情報が野放しになる」なんて言いがかりをつけ、『ニューヨーク・タイムズ』(二〇二二年五月五日付)は個人攻撃まてしています。そもそも、街頭での示威行動などと違い、ツイッターは見たくなければ見なければいい。見たい人が見るだけばいい。「ヘイトスピーチ」や「偽情報」であっても、見たい人が見るだけですから、名誉毀損《きそん》などでない限り、最大限の表現の自由が保障されるべきでしょう。

米国大手メディアは保守リベラルを問わず、民主共和両党にまたがる政治エスタブリッシュメントの代弁機関と化しています。その点、日本では朝日新聞がありとあらゆる角度から安倍元首相のアラ探しをしていました。一方、民主党政権のときは産経新聞がアラ探しをする。米国に比べて日本のマスコミは実に健全です（笑）。

渡辺　アメリカでも、タブロイド紙ですけど、『ニューヨーク・ポスト』は頑張っているほうです。TVも二〇二二年三月末、CNNのストリーミング・サービス「CNN＋」が三百億ドルほど投資し、保守系のFOXニュースから、エセ保守のクリス・ウォレスを引き抜きましたが、「CNN＋」自体が利益を出せず一カ月でつぶれてしまった。ウォレスは反トランプに転じた男で、米国民はメディアの嘘を見ぬいているし、辟易《へきえき》しています。

福井　ところが、リベラルメディアは「大衆は偽情報に踊らされている」と性懲りもなく繰り返し、バイデン政権は「偽情報管理委員会」を設立する始末。さすがにジョージ・オーウェルの『一九八四年』（ハヤカワ文庫）に出てくる「真理省」のようだと批判され、実動には至っていませんが。

「ブチャの虐殺」と「カチンの虐殺」との類似性

渡辺　幸いなことに「偽情報管理委員会」の長に任命されたニナ・ヤンコヴィッチが辞任しました。彼女は先ほど触れたロシアゲートで、ロシアの工作があったと主張していた人物です。あまりに偏向した人事でした。彼女の辞任で委員会設立構想は頓挫《とんざ》しました。

前章でも見たように、ウクライナの人権監察官リュドミラ・デニソワが、ロシア軍の虐殺を告発した証言の嘘が暴露され、解任されています。メディアをはじめ戦争プロパガンダが盛んですが、ウクライナからの避難民の証言を鵜呑みにして「正しい戦争」「不正な戦争」を論ずることも危険です。前出の第一次世界大戦時の「レイプ・オブ・ベルギー」（ベルギーでドイツ軍が行った集団レイプ事件があったとされる）では、ベルギーから逃げてきたと称する避難民が嘘をまき散らしたことを忘れてはいけません。

福井　そもそも避難民の数が多すぎませんか。ウクライナ西部は戦場ではないから、そこに留まればいいのに、総人口四千万人の国でポーランドやモルドバなど国外に何百万人も逃げているとされます。米女優のアンジェリーナ・ジョリーなど、目立ちたがり屋がリビウを訪問するのは、戦場ではないからです。実は、侵攻前から、腐敗が広がり経済不振が続くウクライナでは人口流出が止まらず（主な流出先はポーランドとロシア）、二〇一九年三月に当時のウクライナ国家安全保障・国防会議事務局長オレクサンドル・トゥルチノフが「移民津波」と呼ぶ事態となっていました（https://korrespondent.net/ukraine/4070826-hlava-snbo-zaiavyl-o-myhratsyonnykh-tsunamy-yz-ukrayny）。

渡辺　ロシア軍によるとされているブチャでの虐殺も慎重に判断すべきです。二〇二二年三月三十日、ロシア軍が撤退、三十一日、ブチャの市長が撤退確認声明を発表、そのとき、虐殺のコメントはありません。四月二日、ウクライナ軍が奪還するやいなや、虐殺報道と写真がロイター電で出され、さらに『ニューヨーク・タイムズ』が報じました。ところが、遺体は三月十九日に撮られていたことが判明しています。

このように事実関係を整理するだけでも、戦争プロパガンダの臭いがプンプンします。ロシアは安保理事会で独立調査委員会の設置を要求しています。

福井　ところが、報道直後のロシアの要請を議長国の英国は拒否しました。その後、国連人権理事会は調査することを決め、これまで国際刑事裁判所をはじめ、様々な国・

機関が調査していますが、断片的な報道がなされるのみです。確実な証拠に基づく包括的な報告が待たれます。

渡辺　おかしくありませんか。ブチャの虐殺は一九四〇年の「カティン（カチン）の虐殺」（カティンの森事件・第二次世界大戦中のソ連によるポーランド将校大量殺害事件）に似ています。

福井　一九四三年に数千人のポーランド軍将校らの殺害現場を見つけたナチス・ドイツは赤十字に調査を要請、積極的に協力しました。ところが、ソ連はドイツの仕業だと主張し、英米もソ連の主張を否定しませんでした。ソ連がスターリンの命令で行ったと認めたのは、半世紀も経った一九九〇年になってから。ブチャの虐殺も先入観なく、十分かつ慎重に調査すべきです。なお、国連ウクライナ人権監視団のマチルダ・ボグナー代表は二〇二二年五月十日の記者会見で、ロシア軍によるものだけでなく、ウクライナ軍によるロシア兵拷問に関する信頼すべき（credible）情報を得たと発表しています。

ミアシャイマーの分析では「ディープステートはいる」

渡辺　戦争プロパガンダの恐ろしさを、今回のウクライナ戦争で再認識します。先述したマスクですが、マスクは気象変動解決に寄付を持ちかけたビル・ゲイツに対して、ツイッター上で拒絶を表明しました。マスクはディープステートにもケンカを売り始めており、少なからず動揺が広がっています。

一方で、ザッカーバーグのメタ（旧フェイスブック）は徐々に追い込まれています。米国民は彼の政治的偏向に気付いたのです。

福井　ザッカーバーグは、これまでの銀行決済システムを介さないグローバルな新しい決済システムを計画し、準備を進めていましたが、結局、断念しました。

渡辺　それら一連の失敗で、ザッカーバーグが苦しい立場に追い込まれたことは間違いありません。地殻変動が徐々に起こっているのではないか。

福井　前章でも触れましたが、ミアシャイマーは、米国では国民による投票で選ばれる政治家に左右されず独立して国を動かす「ディープステート」が存在すると指摘しています（『大いなる迷妄』）。同様の主張を行っている馬渕睦夫氏（元ウクライナ大使）は「陰謀論者」だとして、リベラルメディアのみならず、保守とされる論者からも頭ごなしに否定されていますが、それなら、世界的碩学ミアシャイマーも「陰謀論者」であり、無視・嘲笑の対象ということなのでしょうか。日本のリベラル知識人の間でも評価の高いフランスの歴史人口学者エマニュエル・トッドも、『第三次世界大戦はもう始まっている』（文春新書）で、ミアシャイマーと基本的に同意見だとして、「ウクライナ戦争の原因と責任はプーチンではなく米国とＮＡＴＯにある」と主張し、こう結んでいます。

「戦争が終わった時、生き残ったウクライナ人たちは、どう感じるでしょうか。少なくとも私がもしウクライナ人なら、アメリカに対して激しい憎悪を抱くはずです。というのも、『アメリカは血まみれの玩具のようにウクライナを利用』したということこそ、すでに明らかな歴史的真実だからです」

渡辺　「陰謀論」というレッテルを貼って、評論する人こそ本当の陰謀論者ですよ（笑）。

福井　リベラル左派の歴史家デヘイヴン・スミスは、非難の意味を込めた「陰謀論」という表現の利用は一九六〇年代から盛んになり、ＣＩＡが広めたと分析しています（『米国における陰謀論』テキサス大出版局、未訳）。

渡辺　大統領だって騙しますからね。

福井　ミアシャイマーは、米国民はエスタブリッシュメントの権化《ごんげ》ともいえるヒラリー・クリントンではなく、オバマ、トランプと対外介入に慎重な反エスタブリッシュメントの大統領を続けて選んでいると指摘しています。ただし、エスタブリッシュメントに対して、オバマはまるでかなわなかった（no match）とも記しています（『大国の迷妄』）。オバマ自身、前述のとおり、退任直前のインタビューでネオコンとの闘いを告白しています。シリアで「レッドライン＝化学兵器使用」を超えたのに、攻撃しなかったのは、その一環だった。周囲からの圧力に抗し、何とか踏ん張ったと。

オバマは直接の軍事介入は抑えつつ、その代わりとしてドローンを使った攻撃を多用します。主観的には、空爆よりドローン攻撃の方が一般民衆の犠牲者が少なくてすむので「人道的」ということなのでしょう。ちなみに、大統領在任中のオバマのウクライナ観は、ロシアにとっては「核心的利益」(core interest) であっても、米国にとってはそうではないというものでした。

渡辺　確かにサマンサ・パワー（国連大使）や、スーザン・ライス（大統領補佐官）のような女性ネオコンのシリア侵攻の主張に従わなかったことは評価しますが、リビアのカダフィ大佐暗殺に対しては自制しなかった。

福井　リビア攻撃は当時国務長官だったヒラリー・クリントン主導で、オバマは抑えられなかったのでしょう。実は、当時副大統領だった現大統領のバイデンはオバマ同様、米国による軍事介入に慎重だったんです。

渡辺　英国とフランスもリビア空爆に積極的に参加していましたから歯止めが利かなかったのでしょう。

福井　オバマはフランスに対して、すべてお膳立てしたのにもかかわらず、手柄だけ横取りしていったと批判しています。思うにオバマ、トランプと続いたのは米国、そして世界にとって幸運でした。ネオコンにべったりのジョン・マケイン（共和党）やヒラリー・クリントン（民主党）が大統領だったら、世界はどうなっていたのか。

渡辺　中東や東欧はさらに混乱を来し、さまざまな地域で紛争が勃発《ぼっぱつ》していたでしょう。

福井　日本に対しては、我が国に何の益もない自衛隊派遣を要請したかもしれない。実際に命をかけるのは自衛隊員であり、威勢のいい発言を行う政治家・知識人たち「安楽椅子の将軍」(armchair general) ではありません。

軍産複合体の脅威を説いたアイゼンハワーの炯眼

渡辺　それほど米国のネオコンという存在は世界の脅威になっています。最近、ウクライナ戦争に関して気になる動きが見られます。米国防長官のロイド・オースティンがキーウ（キエフ）を二〇二二年四月に訪問、ゼレンスキーと会談し、武器支援を約束していますよね。

オースティンは対戦車砲を製造している巨大軍需企業の一つ、レイセオン・テクノロジーズの元役員でもある。軍産複合体の頭目と言っても過言ではありません。要するにウクライナを通じて、米国とロシアとの「代理戦争」を利用し、倉庫でさび付いている兵器の在庫一掃セールを目論んでいるのではありませんか。

一九六一年、当時の大統領、アイゼンハワーは退任演説で「軍産複合体（Military-Industrial Complex）」の危険性について次のような警告を発しました。

「第二次世界大戦まで、合衆国は兵器産業を持っていなかった。アメリカの鋤《すき》製造業者は、時間があれば、必要に応じて剣も作ることができた。しかし、今や我々は、緊急事態になるたびに即席の国防体制を作り上げるような危険をこれ以上冒すことはできない。我々は巨大な恒常的兵器産業を作り出さざるを得なくなってきている。

これに加え三五〇万人の男女が直接国防機構に携わっている。我々は、毎年すべての合衆国の企業の純利益より多額の資金を安全保障に支出している。軍産複合体の経済的・政治的・精神的な影響力は、全ての市と全ての州政府と全ての連邦政府機関に浸透している。我々は一応、この発展の必要性は認める。

しかし、その裏に含まれた深刻な意味合いも理解しなければならない。（中略）軍産複合体が、不当な影響力を持ち、それを行使することに対して、政府も議会も特に用心しなければならぬ。この不当な影響力が発生する危険性は、現在、存在するし、今後も存在し続けるだろう。この軍産複合体が我々の自由と民主的政治過程を破壊するようなことを許してはならない」

それから六十年以上が経過しましたが、米国の実態は何も変わっていない。

福井 前出のスノーデンの内部告発に協力した左派ジャーナリスト、グレン・グリーンウォルドは、渡辺さんと同じようなことを言っています。しかし、彼の事実に裏づけられた主張は、日本ではほとんど取り上げられない。嘆かわしい状況です。

渡辺 「電球理論」というのがあります。かつての電球は一定期間使用すると、自然にフィラメントが切れるように計算されています。そうなることで、必ず電球を買い替えなければなりません。それと同じで、軍や軍需企業は抱えている在庫（武器・弾薬）

を一掃させなければ、管理にカネがかかるばかりで、新しい兵器の導入ができない。そこで紛争を誘発し、在庫の一斉処分を考えるのです。

福井 もともとウクライナ軍の規律には疑問符が付けられており、それを補う意味もあって、大量の民兵（傭兵）が入り込んでいます。そんな軍に兵器を供与したら、どこに流れていくのかわかったものではない。転売されるか、テロリストの手にわたるリスクが高まるだけ。実際、ＣＮＮは国境を越えて送り込んだ対戦車ミサイルや地対空ミサイルなどの兵器がどうなったかを確認する方法がほとんどないことを、米軍関係者が認めたと二〇二二年四月十九日に報道しています。前述のとおり、武器の横流しについてはインターポールも懸念を表明しています。

渡辺 そんなデタラメを堂々とよくできるものだと呆れますよ。

福井 過去にも同じようなことがありました。ソ連軍がアフガンに侵攻した際、米国は反ソ武装勢力に武器を供与しましたが、その後、どこに流れたのか不明です。

渡辺 ＩＳＩＳ（イスラム国）に武器を供与したのはＣＩＡだと言われています。結局、矛先が自分たちに向けられるのに。

米国のホンネは「国が滅亡してでも戦え」、ロシアとの安易な妥協は許さない!

渡辺　さらにオースティンとは別に、下院議長のナンシー・ペロシと米下院情報特別委員会委員長のアダム・シフもウクライナを訪問しました(五月一日)。戦時下で、なぜキーウに行けるのか。テロが頻発していたアフガンやイラクに米政府高官が行く時は、事前説明はなく、いつも電撃訪問をしていたものですが、それよりも戦時下のウクライナの首都は安全なのでしょうか。

福井　米国政府要人の警護は、日本では考えられないほど厳重です。この平和な日本を訪れるときでもそうです。にもかかわらず、戦時下のはずのキーウを訪問できるわけですから推して知るべしです。プーチンが米政府要人に決して危害を加えないことは織り込み済みだったのでしょう。その後も、英仏伊首脳が訪問していますし。前述のとおり、プーチンは「根本的には合理的」ですから。

渡辺　しかもペロシはキーウで演説した際、「ウクライナの人々を支援するために必要な行動を取る用意がある。戦いに勝利するまで支援は続く」(until victory is won)と語っています。要は、「勝つまで戦い続けろ」ということですよ。

福井 ゼレンスキーを支援するというより、ロシアとの妥協は許さないという「警告」にもみえます。

渡辺 カサブランカ会談(一九四三年)で、ルーズベルトとチャーチルが日本やドイツなどの枢軸国に対して無条件降伏まで攻撃し続けることを決めた行為に通底するところがある。米国はゼレンスキーに「我々が望む妥協案を結ぶまでは戦い続けろ」と突きつけている。〝国が滅亡してでも戦い続けろ〟と言っているに等しい。要するに、ロシアの要求は絶対に呑むな、ロシアに無条件撤退させろと主張しているわけですよ。

福井 ウクライナ軍はどこまでもつでしょうか。正規兵の練度は低く、傭兵頼みでマンパワーの補充は簡単ではありません。それでも米国は戦わせようとするのか。

渡辺 前述したように、二〇二二年三月末の時点では、ロシアとウクライナ間の停戦交渉はほぼ妥結の方向に向かっていました。ウクライナ側の署名を待つだけだったのに、一向に進んでいません。交渉権限をゼレンスキーに与えていないのではありませんか。ゼレンスキーからすると、手足を縛られたような状況に陥っています。

福井　俳優ですから、米国の振り付けどおりにふるまえばよいということでしょう。

渡辺　そういう意味でも、ペロシは米国の意思を代弁しています。できる限り戦争を継続してほしいのですよ。ペロシとアダム・シフは、バイデン大統領の息子、ハンター・バイデンのスキャンダル「ラップトップフロムヘル」（ハンター所有のハードディスクに大量の未成年少女の写真・動画や、中国・ウクライナからの賄賂《わいろ》を示すメールが含まれていた）が浮上した際、「完全にロシア側による偽情報だ」と言い続けていました。

しかも、CIA元長官のジョン・ブレナン、同じくCIA元長官のレオン・パネッタ、元国家情報長官のジェームズ・クラッパーなど、五十一人（非公開が九名）の署名入りで、「ハンター・バイデン氏のメールに関する公式声明」という文書を出し、ロシアの工作だと言い切りました。そうした文書を利用して、ペロシとシフはトランプ弾劾を強力に推進した。「トランプはロシアの手先として米国を破壊しようとしている」と。結局、大陪審において、ハンターのパソコンに入っていた諸情報は本物であることが判明し、彼らの策謀は失敗に帰しています。『ニューヨーク・タイムズ』ですら「本物だった」と白旗をあげています。

ロシアに罪をなすりつけ、トランプを貶《おとし》めようとした二人が、わざわざキーウに行っているわけですから、何か変だと思うのが当たり前の感覚です。

チョムスキーとランド・ポールだけが頼り？

福井　二人の訪問に関して、共和党側からあまり批判の声があがらないのはなぜでしょう。

渡辺　共和党内には「ＲＩＮＯ（Republican In Name Only＝名前だけの共和党議員）」が根強く存在し、軍産複合体から政治資金が流れ込んでいるのではないでしょうか。そんな一人のマルコ・ルビオは生き生きとロシア批判を始めている。

福井　二〇二二年五月十日、ウクライナ軍事支援のため四百億ドル（約五兆円）の予算法案が圧倒的多数の賛成で下院を通過しました。軍備増強に真っ先に反対するのが左派リベラルと思いきや、民主党議員は全員賛成で、反対したのは少数の共和党議員だけです。リベラルメディアに好戦的とされてきた右派ポピュリストこそ、政府そのものに懐疑的なリバタリアンとともに、反戦の中心勢力なのです。だからこそ、首尾一貫した左翼はトランプを評価しているのです。

「幸いなことに、欧米にはひとりの政治家、この危機をどう解決するかについて思慮深い（sensible）発言を行っている人目を引く人物（high profile figure）がいる。つまり、交渉を潰すのではなく促進し、軍事同盟なき相互の和解（accommodation）に基づく欧州において、ある種の和解成立に向けて動くことによって」
「彼の名は、ドナルド・J・トランプ」

孤高のリベラル、ノーム・チョムスキーの言葉です（二〇二二年五月二十六日インタビュー、https://www.youtube.com/watch?v=6YeRX6ZYXH0）。

トランプ以外で期待できるのは、前出のランド・ポール上院議員でしょう。下院議員だった父親のロン・ポールに比べれば穏健ですが、ネオコンとは真逆の対外介入に否定的で小さな政府志向の伝統的な共和党政治家です。表現の自由に重きを置き、イラク戦争以降の安全保障を理由にした言論統制を厳しく批判しています。ウクライナ軍事支援法案の上院通過にも激しく抵抗しました。

渡辺　ランド・ポールのような共和党政治家の存在は心強い。

福井　あとは、政治家ではありませんが、FOXニュースのタッカー・カールソン。

渡辺　カールソンは軍産複合体の動きを極めて厳しく批判しています。FOXニュースは二〇二〇年の大統領選挙と似た裏切り（反トランプ）を示しており、人気キャスターの一人、ショーン・ハニティーは反ロシア・プーチンを前面に押し出している。その中にあって、カールソンは孤軍奮闘していますよ。

福井　上院の公聴会でヌーランド国務次官が「ウクライナには生物研究施設がある」と、生物化学兵器研究を事実上認める回答をした際の彼女の動揺ぶりも、カールソンは揶揄《やゆ》していました。

極端な善悪二元論で世論を誘導・洗脳しようとして失敗

渡辺　米国の世論の多くは「プーチンは悪」という意見でしょうけど、演じている役者があまりに低レベルです。さすがに違和感を覚えているからこそ、民主党支持率は低落したままですね。

福井　戦争が勃発すると、大統領の支持率は上昇するのが常識でした。湾岸戦争のときは、ブッシュ（父）の支持率は八九％（ギャラップ調査）にも達しました。

渡辺　真珠湾攻撃前まで米国の世論の八割が参戦を拒否していたのに、真珠湾後はその数字が逆転しました。

福井　それに比べると、バイデン大統領の支持率は四〇％前後で、全く上がっていません。ウクライナ介入に関しても、それほど支持は広がっておらず、デモクラシー・インスティテュートが六月に行った世論調査によると五月の調査よりもさらに支持は低下し、ウクライナが負けてもよいという意見が四五％で、よくないという意見四十

％を上回っています。

これだけ反プーチン報道が行われても、ロシアが米国最大の脅威とする声は十四％で、トップの中国四五％の三分の一、イラン、北朝鮮に次いで四番目です。また、外交的解決を主張するトランプが支援したJ・D・ヴァンスが、二〇二二年五月三日のオハイオ州上院予備選で主流派が推す候補を破り、この秋の上院選の共和党候補となりました。

渡辺 それが唯一の救いです。

福井 そもそも今回のウクライナ戦争は、オバマも大統領在任中に認めていたとおり、米国の直接的利益とは何ら関係のない話です。米国政府や主流派メディアは極端な善悪二元論で世論を誘導しようと画策しましたが成功していない。

プーチンが小型戦術核を使用する？　米国による偽旗《ニセハタ》作戦にご注意を

渡辺 米国に抵抗する国も出始めています。インドも米国の外交攻勢に同調しなかった。パキスタンも変化しています。というのも、国内のエネルギー問題で対応に苦慮しているからです。原油は世界市場価格で動いていますから、安くならない。一日八時間しか電気が供給されない村落もいくつか出始めている。インドはロシアから低価格で原油を購入していますが、このままでは持たないと訴えています。環境左翼は、とにかく原油価格を高騰させ、電気自動車にシフトさせることを狙っています。先進国ではそれでも何とか対応できますが、発展途上国では難しい。

さらにドイツはルーブルでの支払いを実質的に認めました。プーチンは天然ガスの「ノルドストリーム1」からの供給を止めていません。

福井　近年インドが米国に接近していたのは中印国境紛争を抱えているからだと思いますが、今回のウクライナ問題では中国とは利害が一致しているので、米国の意に沿う必要はありません。

渡辺　一方、プーチンはポーランド、ブルガリア、そしてフィンランドへのパイプラインを止めました。その理由は、ポーランドとブルガリアの二カ国はかつての「援《えん》蔣《しょう》ルート」と同じく、米国の武器供与が流れ込む国でもあるからです。

福井 ロシアはこれまで国家間で紛争があった際、相手がきちんと契約どおり支払うなら、エネルギー問題は利用しないのが通例で、この供給停止は極めて例外的な措置です。実際、戦争が始まってからもウクライナ経由で欧州にガスを供給し続けていました。パイプラインを止めたのはウクライナです。

渡辺 ドイツ、インドの動きを見れば、ネオコンの影響力が低下しているのではないか。そこで懸念されるのが、絶望的になった民主党やＣＩＡ、軍産複合体が、戦術核を使用する可能性があることです。戦術核の威力は〇・三キロトンで、広島の原爆の二％ですから、使ったとしても渋谷や新宿の一角を破壊する程度で済みます。それを爆発させた後、「ロシアが使用した」と主張する。そんな最悪の想定もできます。

プーチンが核を使用する可能性について報じられていますが、それもプロパガンダですよ。二〇一四年六月、フランスでノルマンディー上陸作戦記念式典が開催され、戦争の映像が流されましたが、その中に原爆のシーンも挟まれていた。オバマなど並みいる各国の要人の中で一人だけ十字を切ったのが、ほかならぬプーチンです。

福井 プーチンは「誰が原爆投下したのか」と米国をあてこすることも言っています

しね。

渡辺 そんなプーチンですから、常識的に考えて核を使用したくない。しかし、「プーチンが小型戦術核を使用した格好にする米国による偽旗作戦《ニセハタ》」の可能性もゼロではない。私の妄想であってほしいのですが。

福井 チョムスキー同様、首尾一貫したリベラルでウクライナ問題に詳しいオリバー・ストーンも同じ懸念を表明しています。「偽旗作戦」は英米の得意技ですし。

渡辺 米国はそういう恐ろしい作戦や報復を平然と行うことができる国であることを認識すべきです。ロシアを潰すためなら、米国が何をしでかすかわかったものではない。日本も、敗戦後の占領政策でさんざんなことをやられた。東京裁判による勝者の一方的な裁きなどはその典型でした。

ベトナム戦争は「正義の戦争」だったのか？

福井 第二次世界大戦の終結にあたり、「正しい戦争」か「不正な戦争」かという判断基準をもとに、英米など戦勝国は敗戦国の日本とドイツの指導者を、東京裁判とニュルンベルク裁判によって、「不正な戦争」つまり「侵略戦争」の責任者として、捕虜虐待など通常の戦争犯罪とは関係がなくとも、処断しました。

その動きに対して、ドイツの哲学者ヤスパースは戦後すぐに『戦争の罪を問う』（平凡社）を発表します。その初版から十数年後、一九六二年に新たに付け加えられたあとがきに書かれていることは注目に値します。結局、ニュルンベルク裁判は敗者ドイツに対する一方的な断罪にすぎず、普遍的理念が実現することなく、「期待は裏切られた（getrogen）」と。今回のウクライナ侵攻でも正・不正で判断することが行われていますが、これは極めて危険です。片方が圧倒的に強い場合以外、妥協の可能性を閉ざし、終わりのない戦争に突入してしまう。負ければ不正な戦争を起こした責任を問われて、徹底的に断罪されますから。

渡辺 戦争ですから、勝った側の罪だって問われてしかるべきでしょう。ルーズベルトやチャーチルの奸計など、さまざまな行動があって戦争が始まったのですから。

福井 そうです。第二次世界大戦が仮に正しい戦争だったとしても、ベトナム戦争やイラク戦争はどうだったか。実はベトナム戦争の時点で、米国側からの反省もありました。ニュルンベルク裁判の検察官の一人だったテルフォード・テイラーは、泥沼化したベトナム戦争を前にして、我々がやっていることは何だろうかと、一九七〇年に真摯な反省の書『ニュルンベルクとベトナム　アメリカの悲劇』(クワドラングル、未訳)を公刊しました。一九九八年に亡くなり、なかば忘れられた書物となっていましたが、イラク戦争後にやはりニュルンベルク裁判の検察官だったベンジャミン・フェレンツの新しい序文をつけて再刊されました。

ベトナム戦争は、米国が反省する最初のチャンスでした。朝鮮戦争のときは、ソ連が国連安保理を欠席し拒否権を行使しなかったので、国連軍がつくられ、米国を中心に世界の国々が派兵しました。だから「正しい戦争」だったと言えるかもしれません。しかし、ベトナム戦争の場合、自衛ではないし、国連はかかわっていません。にもかかわらず、米軍の介入で戦争のスケールが拡大し、一般民衆に多くの犠牲者が出ました。ニュルンベルク裁判や東京裁判に照らせば、侵略戦争ではなかったか、テイラーが言うように、米国民は真剣に反省すべきでした。

渡辺　今、国際世論はプーチンをヒトラーのように悪者・悪魔・狂人扱いして徹底的に叩いていますが、それは、先述したようにＦＤＲとチャーチルが日本・ドイツを悪者扱いして無条件降伏を要求したのと変わりがありません。

福井　無条件降伏要求に関しては、当時も危険な主張だと指摘する声が少なくありませんでした。結末が無条件降伏だと、互いに引くに引けなくなってしまう。正義をめぐる戦争になると、どちらにも味方しない中立も許されないことになる。ということは、戦争が拡大する一方です。

渡辺　ペロシの「勝つまで戦い続けろ」発言はまさにそう。

福井　武力紛争が発生するときは、やむを得ない事情が背景にあることが多い。ウクライナ侵攻についても、ランド・ポール上院議員が述べたように、侵攻に正当性はないけれど、理由はあるのです。国内の問題は裁判所や警察で解決できますが、国を超えた最終的な判断機関は地球上に存在していません。国連は安保理常任理事国に拒否権があるため、五大国のうち一カ国でもかかわっていると機能不全に陥ります。五大国のうち、どれか一カ国でも支援していたら、紛争は永遠に終わりません。イスラエル・パレスチナ間の紛争がいい例です。主権国家間の争いが存在する以上、戦争があることを前提にして考えるほうが健全です。中立はどっちつかずではなく、戦争拡大を防ぐうえで、むしろ望ましい対応です。

渡辺　中立国がなければ、どこも仲介に入ることができません。

福井　その点、トルコはその役割を果しています。フランスも当初は、仲介役を果たそうと動いていました。侵攻後はトーンダウンしましたが、それでもマクロン大統領はフランスは仲介勢力であると明言しています。

渡辺　四月に大統領選もありましたから方針転換しましたが、マクロンが再選されたので変化する可能性はある。ただ六月の議会選挙でマクロン与党が過半数を取れず、外交に力を注ぐことが困難になってしまいましたね。

福井　なんとかド・ゴール以来の自主独立の伝統があるフランスらしく、米英何するものぞという気概を見せてほしいものです。

渡辺　残念ながら英国は米国と一体化していますから。

福井　米国の一の子分であることに満足しているようにみえます。大英帝国時代の英国人が見たら、大いに嘆くことでしょう。

ネオコンの動きに日本は安易に追随してはいけない

渡辺　ところで、対露経済制裁に加わった国は三十七カ国です。これを多いと見るか、少ないと見るか。

福井　アジアで加わったのは日本、台湾、韓国、シンガポールだけです。米国の反戦サイト「Ａｎｔｉｗａｒ・ｃｏｍ」掲載の記事（四月二十八日付）に、米国主導のウクライナ制裁に加わっているのはほぼ欧州諸国だけで、世界では少数派だという、反プーチン大合唱の日本のメディアが忘れがちな、もっともな指摘がありました。日本は米軍に占領されている主権のない国だとも。いわば米国の「属国」が追随しているだけです。インドのような本物の独立国は加わっていません。メキシコやブラジルをはじめ、米国の勢力圏とされるラテン・アメリカ諸国も加わっていません。

渡辺　日本ともあろうものが、情けない話です。

福井　我が国の保守派とされる人たちが、外国（米国）の軍隊が常駐している状況を肯定的に受け止めていること自体、おかしくありませんか。米国とは同盟関係を結んでいるので、米軍の自衛隊基地使用はいいでしょう。ところが、米軍しか使用できない基地が日本各地に存在しています。この状況をおかしいと思わないのはおかしい。

渡辺　思いやり予算で日本の居心地が良すぎるのかもしれません（笑）。

福井　すぐにではなくても、たとえ数十年かかるにしても、全基地返還のロードマップをつくり、真に独立する意思を示すことが、その政治信条の如何にかかわらず、政治家には必要ではないでしょうか。岸信介による六〇年安保改定はゴールではなく、完全独立に至る一里塚だったはず。

渡辺　でも、日本が独立を果たす動きを示したら、米国は確実に抑え込んでくる。

福井　しかし、米国が「本当に独立するのか。わかった、どうぞ」という時代が来るかもしれない。実際、大統領在任中のトランプの姿勢はそれに近かった。もちろん、中国の動静も注視する必要はあります。米国に対抗できる力があるのは中国だけでしょう。米国にとってロシアはもはや脅威ではありません。味方につけるべきなのに、わざわざロシアと中国が手を組むほうに追いやっていますが。日本もロシアを追い詰めるべきなのか、一度立ち止まって考えてみるべきです。

日露サケ・マス漁業交渉に関して、日本が経済制裁を科しているにもかかわらず、ロシアは一旦、許可を出しました。日本に対するシグナルですよ。

渡辺　萩生田光一経産大臣は「サハリン1・2」の即時撤退はないと言っています。一方で、岸田総理はロシア産原油を原則禁輸する方向で検討すると明言している。ロシアのシグナルを無視し続けています。

福井　その結果、プーチンは六月三十日、「サハリン2」の運営をロシア企業に譲渡するよう命令する大統領令に署名し、日本が権益を失う可能性が出てきました。『正論』（二〇二二年六月号）で森喜朗元首相は「対露外交　あえて苦言呈す」と題し、「あまりにも日本国内の論調が欧米メディアのロシア非難に影響されていることは気になります」としたうえで、「モノが言えない社会にしてはいけません」と述べています。まさに正論です。

渡辺　表向きは強硬路線で、バイデン政権のネオコン代表として遣わされた駐日米大使のラーム・エマニュエルに従うフリをしつつ、裏で外務省はロシアと交渉を続けている……淡い期待かもしれませんが、それぐらいの「二枚舌外交」を日本もやってほしい。

福井　真珠湾では米国と真正面からぶつかってしまった。その反省に立って、のらりくらりとかわしているのかもしれません。

米国でも論調の変化が見られます。たとえば、二〇二二年五月十一日付『ニューヨーク・タイムズ』は、「失敗あるもロシア、東部の大半を掌握」(Russians Hold Much of East, Setbacks Aside) と題して、ロシアの優勢ぶりを伝えると同時に、オピニオン欄で米国政府の強硬姿勢を批判し、外交的解決を求める意見を取り上げています。その後も、米大手メディアで当初とは真逆のロシア軍優勢を伝える報道が相次いでいます。

渡辺　ネオコンは一極覇権体制をつくろうとしていますが、今のやり方を続ければ多極体制に逆戻りするだけです。ネオコンの動きに日本は安易に追随してはいけない。まさに外交力が問われる時代が到来しています。過去の失敗を教訓に、日本の国益を守るよう、うまく立ち振る舞ってほしいものです。

第四章

スペイン内戦——共産主義礼賛史観を修正せよ

スペイン内戦が「民主主義対ファシズム」の戦いだとみなすのは完全な誤認。
ピカソ「ゲルニカ」から始まった共産主義礼賛史観の嘘を徹底的に論破する。

「スペイン内戦」から始まる共産主義史観の嘘

福井　ルーズベルト政権には、ホワイトハウスに同居していた側近のハリー・ホプキンスのような容共派（彼がスパイであった可能性は低い）のみならず、米情報機関がソ連秘密文書を解読した『ヴェノナ文書』などによって同定されたハリー・デクスター・ホワイト財務次官補など、ソ連のエージェントが多数集まっていました。ニューディール政策によって米国を大恐慌から救ったなどと、歴史の教科書や概説書ではルーズベルトを根拠なく称賛していますが、ロバート・ヒッグスが『恐慌、戦争そして冷戦』（オックスフォード大出版局、未訳）で明らかにしているように、経済政策としては失敗でした。一九三〇年代、不況から脱し経済が順調だったのは、米国ではなく日独だったのです。

米国政府内でのソ連スパイ活動については、翻訳ではジョン・アール・ヘインズとハーヴェイ・クレアの『ヴェノナ』（扶桑社）、和書では渡辺さんの『第二次世界大戦アメリカの敗北』（ともに文春新書）を挙げたいと思います。

渡辺　福井さんの『日本人が知らない最先端の「世界史」不都合な真実編』（祥伝社黄金文庫）も示唆に富んでいます。「『スペイン内戦』の不都合な真実」としてスペイン内戦に筆を割いておられますが、同じ視点を持たれているなと。私も『第二次世界大戦とは何だったのか――戦争指導者たちの謀略と工作』（ＰＨＰ研究所）で、スペイン内戦について考察しています。

福井　一九三六年七月に始まり一九三九年四月に終わったスペイン内戦は、第二次世界大戦とは直接には関係のないローカルな戦いでした。しかし、共産主義者によるプロパガンダの大成功例であり、反面教師として再検討すべき戦争です。デモクラシー（共和国政府）対ファシズム（フランコ）の戦いという枠組みは、全く実態を反映していない神話です。

渡辺　正確に言えば、左翼連合の反カトリックの共和国政府を強く支える共産主義者（人民戦線派）と、カトリック教会などの保守派（フランシスコ・フランコ将軍率いる国民派）との間の「内戦」でした。アドルフ・ヒトラーやベニート・ムッソリーニが介入したのも、欧州を共産主義化させないために動いたのです。防共のための自衛戦争でもあった。

福井　残念ながら、言論の世界では、共和国側が共産主義暴力革命勢力であった事実を糊塗《こと》し、今でも「正義の民主的共和国（＝人民戦線派）」と「悪のファシスト反乱軍（＝国民派）」という構図に凝り固まった知識人が主導権を握っています。確かに独伊の介入に助けられはしましたが、ソ連の傀儡《かいらい》と化した共和国政府と違い、内戦中、フランコは両独裁者と適度に距離を置いていました。伝統的保守主義者でスペイン第一のフランコは、ヒトラーの強硬な要請にもかかわらず、第二次大戦では枢軸国に加担せず、中立を維持しました。ヒトラーが大戦の前哨戦としてスペインで最新兵器を試したなどというのも事実ではありません。

渡辺　スペイン内戦では、ソ連によるパブロ・ピカソやアーネスト・ヘミングウェイなどを利用した大規模なプロパガンダ工作が展開されました。『世界史』の教科書には、ピカソの「ゲルニカ」（ドイツ空軍のコンドル軍団によってビスカヤ県のゲルニカが受けた都市「無差別」爆撃を主題にしている）が必ず掲載され、反戦絵画の傑作と紹介されますが、とんでもない。

ピカソという人物をもっと知るべきです。ピカソは一九四四年にはフランス共産党に入党、一九五〇年にはスターリン平和賞を受賞。一九五六年のフルシチョフによるヨシフ・スターリン批判後、同賞がレーニン平和賞と改称された後の一九六二年にも再度受賞しています。完全に〝赤〟ですよ。こんな人物を現代の美術商は高く評価し、作品が法外な値で取引されている。欺瞞《ぎまん》もいいところです。

福井　ヒトラー政権誕生当初、ドイツの哲学者マルティン・ハイデッガーはヒトラーを支持する発言をしたために、今も非難され続けています。早い段階からハイデッガーは政権と距離を置き、ユダヤ人虐殺とは何の関係もないのに。

一方で、自国民に対する大量虐殺がすでに国外にも伝えられていたスターリン時代、スターリン万歳だったピカソや、スターリン傀儡の共和国政府支持者だった音楽家のパブロ・カザルスは「平和の闘士」として、いまだに称揚される。呆れるほどのダブルスタンダード、全くおかしな話ですよ。

誇張されすぎた「ゲルニカ空爆の悲劇」

渡辺　人民戦線派はスターリンに介入してもらいたいため、窮余の策としてプロパガンダ工作に走った。ソ連もその流れに乗った格好でした。

福井　ソ連にとって好都合でした。スペイン内戦はスターリンにとって、同時期のソ連国内の政権・軍幹部及び民衆に対する大粛清から欧米諸国の目をそらすうえで、大きな利用価値があったのです。伝説のコミンテルン工作員ヴィリー・ミュンツェンベルクが指揮した欧米でのプロパガンダは絶大な効果を発揮しました。彼の評伝を書いたスティーブン・コッホが言うように、「最初からスペイン戦争は人民戦線の嘘で塗り固められ、それは必然的に欺瞞とプロパガンダに基づいていた」(『二重生活』フリープレス、未訳)

ゲルニカ空爆については、そこには人民戦線軍の部隊が配置され、軍需工場も存在したれっきとした軍事拠点ですから、戦時国際法上、爆撃しても何ら問題はありません。わざと一般民衆を狙って落としたわけでもない。

ただ失敗だったのは、フランコ側が「敵が退却する際に自ら行った」と虚偽の言い訳をしたことです。軍事目標への攻撃だったと最初から主張すればよかった。

渡辺　犠牲者数にしても、百二十人程度。ところが、ピカソの「ゲルニカ」によって、フランコ軍は非人道的であると印象操作されたのです。今のロシア軍よりも酷く扱われた。そもそも空爆は人民戦線軍が先に始めたことでしょう。

福井　空爆のみならず、共和国側はほかにも人心が離れるような残虐行為を数多く行っています。

渡辺　教会の聖像まで破壊し、尼僧も大量に強姦して殺している。

福井　フランコは団結優先で、共和国政府すなわち人民戦線派に反対する諸勢力を「国民派」(nacional) として巧みにまとめました。一般民衆も、フランコ側に傾いていた。ヒトラーは保守的なフランコを嫌っていましたが、フランコはもともと共和国体制を忌《い》み嫌っていたわけではありません。人民戦線派が過激化し、反対勢力への弾圧を強める中で、伝統的なスペイン社会を守るため、やむを得ず決起したともいえます。

軍内部でも意見は分裂しており、共和国側についた軍人も多かった。

渡辺　スペイン内戦で活躍した芸術家の面々は、戦後もフランコのことを〝ファシスト〟と決めつけ、貶《おとし》めていますが、違います。

福井　しかし、今日のスペインでは人民戦線派を賛美し、フランコを非難するのが正統史観となっています。それは違うと言おうものなら、スペイン本国も含め欧州では「極右」「ファシスト」のレッテルを貼られてしまう。

スペインでは、かつて暴力革命を主導した社会党政権が、保守野党の反対を押し切って「歴史の記憶法」(Ley de Memoria Histórica) を二〇〇七年に成立させました。この法律によって、スペイン内戦と「独裁政治」すなわちフランコ政権のもとでの弾圧の非合法性が宣言されるとともに、補償も明記されました。一方で、コミンテルン、同じことですがスターリン（コミンテルンは独自の意思を持った組織ではなく、事実上、ソ連共産党の一部局）の完全な支配下にあった国際旅団は、民主的価値を守るために戦った英雄とされました。

スペイン内戦研究の第一人者であるスタンレー・ペイン、ウィスコンシン大名誉教授は、歴史記憶法の制定で、人民戦線政権下での「民主的共和国」というドグマが「公定の作り話」(official fiction) になったと指摘しています。「国際旅団」の実態は、自らもその一員だった米国人作家ウィリアム・ヘリックが後年、デモクラシーは彼らの目的ではなく、各国志願兵の圧倒的多数が共産主義者であり、レーニンの信奉者だったと告白しています(『列を越えて』AKプレス、未訳)。ちなみに、国際旅団志願兵のパスポートはスペイン入国時に取り上げられて、直ちにソ連に送られ、情報機関員用に作り替えられました。

自国の過去に関する実態とはかけ離れた歴史認識に基づき、法律を作ってまで過去を断罪するのは、韓国だけじゃないんです。

渡辺　やるせない思いに駆られます。

「確信犯」(ヘミングウェイ)と「お調子者」(ピカソ・アインシュタイン)と「やらせ」(キャパ)

福井　スターリンに踊らされた進歩的文化人は、自覚的なソ連エージェントである

「確信犯」と、単なる「お調子者（お人よし）」の二つに大別できます。「確信犯」はそれほど多くなく、大半は自分たちがコミンテルンすなわちスターリンに踊らされていることに気づいていない「お調子者」でした。ミュンツェンベルクは、こうした知識人をメンバーとするフロント組織を「お人よしクラブ」(Klub der Harmlosen) と呼んでバカにしていました。どちらかと言えば、ピカソはお調子者で、必ずしもイデオロギーに染まっていたわけではありません。

渡辺　ピカソは芸術家として自身の名を売るために、パリ万博に作品を出展することを目標にしていました。ところが、テーマがなかなか決まらない。悩んでいたときに、人民戦線側から「ゲルニカ」制作の依頼の声がかかった。渡りに船と、制作に入ったのです。ピカソは戦争の悲惨さを描くために、二人の娼婦を呼びつけ、ケンカさせた。そのときの阿鼻叫喚《あびきょうかん》の表情を参考にしたそうです。芸術家の業《ごう》を感じます（苦笑）。ピカソに制作を依頼した人物の一人に仏人小説家ルイ・アラゴンがいます。生粋の共産主義者で後にレーニン平和賞までもらっています。

福井　ピカソがゲルニカ空爆だけに基づいて描いたのではないことは、ピカソの賛美者だった美術史家アンソニー・ブラントも認めています（『ピカソ「ゲルニカ」の誕生』みすず書房）。ちなみに、このブラントは晩年、確信犯、つまり、ソ連スパイだったことが暴露されました。いわゆる「ケンブリッジ・ファイブ」（他の四人は、キム・フィルビー、ドナルド・マクリーン、ガイ・バージェス、ジョン・ケアンクロス）の一人だったのです。

渡辺　フランコを支援するドイツ空軍の残虐性を誇張して描くという大前提が、まずあったのは確かです。「ゲルニカ」はパリ万博で展示された（一九三七年七月十二日）のを皮切りに、ロンドンや米国各地でも展覧会が開催されています。まさに意図した通りのプロパガンダ効果があった。こうして展覧会の企画に信条左派の有力者が協力しました。「赤いファーストレディ」のエレノア・ルーズベルトはその代表格です。

ところで共産主義者のピカソがドイツ占領下のパリで生き延びることができたのはなぜか。ナチスの幹部ともうまく付き合っていたからです。ピカソの世渡りの悪知恵はなかなかのものです。

福井　対独レジスタンス運動に参加していたことになっている、フランスの哲学者ジャン＝ポール・サルトルも。代表的著作『存在と無』は占領下の一九四三年に出版され、戯曲『蠅』は同年にパリで上演されています。それとも、ナチス・ドイツは、レジスタンスの闘士にも信じられないほど寛大だったんでしょうか。

渡辺　作家つながりでは、スペイン内戦を反フランコの視点から描いた『誰がために鐘は鳴る』のヘミングウェイも、かなりきな臭い。

福井　確信犯ですよ。ソ連崩壊後、機密文書「ヴァシリエフ・ノート」が公開され、ヘミングウェイは「アルゴ」というコードネームが与えられた工作員として登場します。ただし、宣伝要員としては優秀でしたが、工作員としての実績は無に等しかったようです。

渡辺　ヘミングウェイは三番目の妻、ゲルホーンを連れて、新婚旅行で中国に行っていますが、蔣介石《しょうかいせき》の妻、宋美齢《そうびれい》と、にこやかに記念撮影しています。工作員でなければ、こんな大物と会うことなんてできません。

ピカソと同じく宣伝工作にかかわったのが、ハンガリー生まれのカメラマン、ロバート・キャパです。キャパは人民戦線軍によってカトリックの神父や尼僧が二千～三千人虐殺されたことについては何も報じていません。戦争の悲惨さを取り上げるならば、人民戦線軍の野蛮行為も等しく伝えるのが当然です。ところが、キャパはわざわざフランコ軍の前線まで行き、フランコ軍の「悪行」を撮影しています。ところが、有名な「崩れ落ちる兵士」の写真も〝やらせ〟だったと証明されています。人民戦線の兵士に撃たれた演技をさせた。撮影の場所ではその日に戦いがなかったことがわかっています。

福井　もう一人、お調子者として挙げられるのが、物理学者のアルバート・アインシュタインでしょう。彼の人民戦線寄りの発言を徹底的に批判したのが『大衆の反逆』のオルテガ・イ・ガセットです。オルテガは一九三八年、英国の評論誌『ナインティーンス・センチュリー』に掲載された「平和主義考」という論文(『オルテガ　随想と翻訳』松籟社)で、宣伝工作に乗せられ人民戦線派を美化するスペイン国外の知識人を痛烈に批判し、特にアインシュタインを名指ししています。

「アインシュタインは、スペインの過去、現在そして未来について最も完全な無知を享受している。彼をこうした無礼な干渉に突き動かしている精神は、知識人の全般的な威信喪失を長年もたらして来たものと同じである」

オルテガの言う「大衆」とは、アインシュタインのような知識人だったのです。

オーウェル『カタロニア讃歌』はスターリン批判の先駆書

渡辺　ピカソやヘミングウェイ、キャパを利用した連中の〝ウラ〟を見ないと、あの内戦の本質は見えてこない。人民戦線派によるスペイン国家は、ソ連に次ぐ第二の共産国家になる可能性を秘めていた。そんな国を西洋諸国のリベラル知識人とFDRやウィンストン・チャーチルらに代表される反独の政治家が擁護したのはなぜか。

福井　ドイツが介入したために、スペイン内戦から第二次世界大戦が始まっていたと評する向きもありますが、英国の左翼史家A・J・P・テイラーが半世紀以上前に『第二次世界大戦の起源』（中央公論社）で指摘しているように、そもそもヒトラーは世界大戦を望んではいませんでした。この点については、残念ながら日本語にも英語にも翻訳されていませんが、最近の業績ではドイツのシュテファン・シャイルの『大国の論理』（ドゥンカー&フンブロート）など一連の著作を、ドイツ語が読める方は是非参照してください。

渡辺　むしろ英米側のほうが戦うことに前のめりだった。

福井　そして、英米仏とドイツを戦わせようとけしかけていたのがスターリンです。ところが、ヒトラーは計画的に世界戦争を始めたという「物語」の信奉者にとってはスペイン内戦は格好の材料でした。それとともに反スターリン左派は理想に燃えて戦ったという神話が確立していくのです。

渡辺　どのような論理展開ですか。

福井　スペイン内戦は、ドイツ・イタリアとソ連の代理戦争になっていく中で、ソ連は理想に燃えるトロツキストを含む左派を排除した。ファシズムとスターリニズムという二つの全体主義に対抗したのは、反スターリン左派であったというストーリー展開です。

しかし、ファシズムとスターリニズムに抗した反スターリン左派という物語は、「国際旅団」賛美とは両立しないのです。英国の作家ジョージ・オーウェルは、ソ連支配下の国際旅団ではなく、トロッキーの影響を受けたアンドレウ・ニンの共産主義政党「ＰＯＵＭ《ポウム》」の義勇兵として参戦し、スターリン派による反スターリン左派弾圧を目の当たりにします。

ところが、二〇二二年五月に亡くなった早乙女勝元氏は、『母と子でみるゲルニカナチ爆撃のスペインの町』（草の根出版会）で、こんなでたらめを書いています。

「彼（オーウェル）はスペイン人民と共にファシストと戦った『国際旅団』の一員だったことに、青春の輝きと誇りを忘れなかったのだろう。そのカタルニア従軍戦記に、あえて『讃歌』の二字をつけたのだが、戦争がまだ終わらぬうちに刊行された同書は不遇だった」

ちなみに早乙女氏は生前、日本共産党の熱心な支持者でした。葬儀には市田忠義副委員長も参列しています。

早乙女氏が本当に知らなかったのか、プロパガンダ工作なのかはわかりませんが、オーウェルの『カタロニア讃歌』（ハヤカワ文庫）は、彼が考える民主革命を裏切ったスターリニストを告発したものだからこそ、スターリン全盛の当時、「国際旅団」を美化する左派知識人から批判されたのです。

フランコの「二枚舌」のおかげで、英米ソは第二次大戦の勝利者となった？

渡辺　人民戦線派政府はソ連の要請で五億ドル（現在の価値で百億ドル＝一兆五千億円）相当の金塊を、ソ連に移送しています。ところが、ソ連は預かった金塊価値に相当する武器を供与したとして、内戦終結後も返還しませんでした。そういったスターリンの横暴も、長い間、問題にされることはなかった。

福井　一九五六年のフルシチョフによるスターリン批判以降、それまで共産党員やシンパの間で絶大な威信を誇ったスターリンの数々の悪行が取り上げられ、その権威は地に落ちましたが、日本でも欧米でも、スターリンは極悪人だったけれども、共産主義そのものが悪かったわけではないという、反スターリン左派が知識人の世界で主流となっていきます。

渡辺　「スペイン内戦」は英国の動きも注目すべきです。内戦勃発直後、英国は欧州各国に働きかけ、内戦に一切干渉を行わないという不干渉政策を推進しました。その一方で、ドイツとイタリアの内戦介入には抗議も何もしなかった。英国はソ連の干渉・介入には防壁として動いていました。

福井　英国はスペイン内戦を、それほど重要視していなかったのではありませんか。

渡辺　英国はスペインの共産化を警戒していたことは間違いありません。フランスも左傾化していく中、スペインでも共産体制政権が誕生したら、欧州はどうなるのか。赤化する一方です。だからこそ、英国はソ連の干渉・介入阻止に力点を置いて動いたのでしょう。スターリンは「ソ連が動けば、英国も軍事介入する」と見ていたとする史料もあります。

福井　スターリンは常に英国を警戒する一方、内戦勃発後、人民戦線派を支援する「X

作戦」を開始した際、独伊の介入は限定的と見ていました。しかし、イタリアは大規模な介入に踏み切ります。

渡辺　地中海覇権の問題が絡んでいました。そうなると、イタリアとドイツでは介入する上での意欲に差があったのは否めません。

福井　地中海覇権においてイタリアのライバルはフランスです。一方、イタリアはフランスとの対抗上、英国との連携を重視していました。にもかかわらず、英国の稚拙な外交がイタリアをドイツ側に追いやったとも言えます。それでも、もともとムッソリーニはヒトラーをあまり評価しておらず、女婿のチアノ外相（一九四四年に処刑）はイタリアの対独接近後も親英・反独で有名でしたし、もし独仏戦が長期化していれば、英仏側につく可能性も高かったのです。ドイツもお互い様というか、自らのフリーハンドを確保するために、イタリア・エチオピア戦争では密かにエチオピアを支援したり、スペイン内戦も長期化するように画策していました。独伊の関係はまさに「複雑怪奇」でした。

渡辺　ヒトラーはヒトラーで、イベリア半島に共産体制政権が誕生することについては許すことができなかった。その姿勢は一貫として崩していません。ヒトラーはとにかく共産主義を嫌っていました。

福井　ヒトラーは「反ユダヤ・ボリシェヴィズム（共産主義）」を唱えて政権を獲得しました。ただし、ヒトラーに限らず、当時、欧米では「共産主義者＝ユダヤ人」という見方は常識に近かった。実際、政権獲得までは反共産主義の側面が強調され、ドイツ国民もナチスにソ連共産主義の防波堤となることを期待していたのです。

渡辺　一方で、ドイツ国民に蔓延していた「反ユダヤ主義」的な感情に対して、ヒトラーは積極的にコントロールしなかったのも事実です。

福井　ナチスも一枚岩ではありませんでした。強硬な反ユダヤ主義のグループと、それほど関心のないグループに分かれていました。ナチス・ナンバーツーのヘルマン・ゲーリングは後者の代表格で、側近のエアハルト・ミルヒ空軍元帥の実父はユダヤ人です。実は、ドイツ軍には、おそらく十五万人を超えるユダヤ人がいました（ブライアン・リッグ『ヒトラーのユダヤ人兵士たち』カンザス大出版局、未訳）。

いずれにせよ、第二次大戦でフランコが中立を維持したことは、連合国側にとってはプラスでした。ヒトラーの支援を受けておきながら、内戦で疲弊したスペイン国民をさらなる戦争から守るため、第二次大戦には参戦しなかった。スペイン発展の礎を築いた政治家としてフランコはもっと評価されるべき政治家です。

渡辺　もう一つの歴史の錯覚として、ホロコーストが戦争前からあったと信じていると思われる学者も多い。

福井　戦時中の占領地でのユダヤ人虐殺については、最初からヒトラーを頂点とする上からのマスタープランに基づきホロコーストは企図されていたとする「インテンショナリスト」と、大戦争が始まりユダヤ人追放政策が不可能となった状況に対応するするため官僚機構主導で下から始まったとする「ファンクショナリスト」が存在します。今日の学界では後者の方が有力ではないでしょうか。

ナチスが当初、一貫して主張していたのは、ドイツ国内からのユダヤ人「追放」でした。英委任統治下のパレスチナにユダヤ人国家建設を目指すシオニストとは呉越同舟《ごえつどうしゅう》で、ナチスは彼らと協定を結び、パレスチナにドイツのユダヤ人を送り込んでいたのです。その責任者のひとりが、ユダヤ人虐殺に関わったかどで、戦後、イスラエル情報機関に逃亡先のアルゼンチンから連れ戻され、イスラエルで処刑されたアドルフ・アイヒマンです。ナチスとシオニストの「協力関係」は他にもありますが、一種のタブーとなっています。

渡辺　学界では、こんな事実は公言できないでしょう。

福井　欧米ではこうした研究を行っていると、新たに職を得るのは難しくなり、場合によっては、職を失うハメになる。とくに欧州では、戦勝国史観に異議を唱える「歴史修正主義者」は事実を指摘しても、刑事訴追される可能性すらあり、実際に刑務所に入っている人もいます。

親ソ派も親独派も活用したＦＤＲ政権の性格

渡辺　ところで、イスラエル建国におけるシオニストとチャーチルの怪しい動きも再考すべきですね。

福井　チェンバレン政権の下、フランスとともに英国が対独宣戦布告したことで第二次大戦が始まった後、最終的に反独派のチャーチルが政権を担うことになりましたが、当時の英国支配層には対独協調派が多数いました。国王エドワード八世や第一次大戦時の首相デビッド・ロイド・ジョージはその代表格です。一九三六年に、エドワード八世は、アメリカ人女性ウォリス・シンプソンと結婚するために退位したことになっていますが、親独派であったことが関係している可能性があります。そもそも、敗戦国と違い、戦勝国である英米の当時の公文書はいまだに公開されていないものが多い。

渡辺　福井さんが指摘している事実は、歴史書でもほとんど取り上げられません。

福井　欧米の言論界では、せいぜい対独宥和外交は歴史の正しい歩みを見誤っていた証拠と批判されるだけ。チェコのズデーテン地方をドイツが併合することを認めた一九三八年九月の英仏独伊首脳によるミュンヘン会談は、宥和外交の失敗例として紹介されるのが常です。

渡辺　その会議に参加したネヴィル・チェンバレン首相（当時）は報告のため、王宮に向かったところ、その道は歓迎の人々で埋めつくされています。

ハーバート・フーバー大統領（当時）の回想録『裏切られた自由』（草思社）でも書か

れていますが、フーバーはチェンバレンと一九三九年、会談しています。そのとき、フーバーは「独ソ戦が始まるが、放っておけばいい」という見解を示しています。二国間での戦争が限界に達したら、仲介に入り、バランスのいい落としどころで手打ちさせる。この構想に対して、チェンバレンも同意しています。

福井　チェンバレンはドイツへの警戒を怠ることなく軍備の拡充も進めていました。ところが、この当時の英国の国力を考慮した構想にルーズベルトが横やりを入れてきたのです。むしろフーバー・チェンバレン構想に近かったのが、米国の対外介入に慎重なジョセフ・ケネディ駐英大使でした。のちに大統領となる息子のジョン・F・ケネディは、米国参戦に反対する国民運動「アメリカ・ファースト委員会」のメンバーでした。ちなみに、戦後、昭和天皇が訪米した際の大統領ジェラルド・フォードもそうです。

渡辺　ケネディは資産家で、民主党の巨大なスポンサーでもあった。FDRとしては、政治思想の違う親独派のケネディを英国に送り出したくはなかったのです。FDRは、「英国の式典の際には半ズボンで出席する義務があるけど、お前のようなガニ股（O

脚）で大丈夫か？」と言った。そこまでしてケネディの大使赴任を諦めさせたかったのです。しかし、ケネディはズボンを脱いでみせた。

福井　ただ、ルーズベルトは老獪《ろうかい》ですから、たとえ気に入らない人物であっても、政治的必要性があれば登用しました。コーデル・ハル国務長官もそうです。議会対策上、敵に回せないので、保守的な南部出身の上院議員だったハルを国務長官にして政権に取り込みつつ、重要な政策決定にはほとんど関与させませんでした。外交に関しては、所管外にもかかわらず、大統領と親しいモーゲンソー財務長官の影響力が大きく、だからこそモーゲンソーの信頼厚い、ソ連エージェントの財務次官補ホワイトが米外交に深く関与できたわけです。欧州外交はルーズベルトの側近、ブリット駐仏大使が実権を握っていました。ルーズベルトはケネディを駐英大使として重用しているように見せながら、実際には無視していたのです。

渡辺　ブリットの妻、ルイーズ・ブライアントは、ロシア革命を賛美した『世界を揺るがした十日間』（ちくま文庫ほか）の親ソ派の著者、ジョン・リードの元妻だった。ブリットもルイーズからの影響が少なからずあったのは間違いありません。

福井　ルーズベルト政権は、ソ連エージェントが浸透していただけではなく、大統領自身容共姿勢が顕著でした。

加藤陽子氏などの間違いを正すのが「歴史修正主義」

渡辺　スペイン内戦、ＦＤＲ政権……歴史教科書に書かれた内容は、ここで我々が指摘した事実とあまりにかけ離れています。歴史学界は事実を正確に伝える必要がありますが、共産主義のプロパガンダ工作に毒されています。我々はそうした「嘘」や「間違い」をきちんと修正していこうと考え、日々研究しているのです。

福井　歴史に限らず文系研究者の主流を占めるのは、先述したように「反スターリン左派」です。共産主義そのものは良かったけれども、スターリンによって歪《ゆが》められたと。逆に言えば、スターリニストも反共も学界ではアウトサイダーです。

渡辺　前出の加藤陽子東大教授は、まさに主流派の典型ですね。もっと言えば日本学術会議がその巣窟《そうくつ》でしょう。加藤氏の歴史書を読むと、眼光紙背に徹すという姿勢が見られない。玉石混交の文献の中で合理的推論をするためには、できるだけ多くの史料にあたり、時には他の研究者の助けも必要です。新たに発見・発表されたものも多々ある。加藤氏は、そんな新史料に目を向けていない印象を受けます。

福井　加藤教授は、ベストセラーになった著名中高一貫進学校生徒相手の講義に基づく『それでも、日本人は「戦争」を選んだ』（新潮文庫）でこんなことを書いています。

「ソ連もまた、三一年十二月に、日本に対して不可侵条約締結を提議してきたほどでした。農業の集団化に際して、餓死者も出るほどの国内改革を迫られていたのが当時のソ連でしたので、いまだ日本と戦争する準備などはなかったわけです」

不可侵条約を結んでから侵略するのがスターリンの常套手段だったことに言及がないのはともかくとして、この記述では、当時のソ連で起きていた前出の「ホロドモール」等の大量餓死が、毛沢東の中国や金正日の北朝鮮でも繰り返された「飢餓」による自国民大量虐殺の原型であり、スターリンの意図的な民衆虐殺の側面を持っていたという事実が全く伝わりません。

また、ソ連の五カ年計画は軍備増強が中心であり、「農業の集団化」という名の農民奴隷化で、抵抗する農民を「飢饉」を通じて絶滅することが「国内改革」の一環だったことも無視されています。

文庫版あとがきで「過去を正確に描くことでより良き未来の創造に加担するという、歴史家の本分にだけは忠実であろうと心がけました。じっくりとお読みいただければ幸いです」と出来栄えに自信満々の様子。しかし、私がここで記したことは、加藤教授が執筆する時点で、すでに欧米の歴史研究者の間で広く知られていました。知らなかったとしたら勉強不足だし、知っていたなら不誠実極まりない。

詳しくは拙著『日本人が知らない最先端の「世界史」』（祥伝社黄金文庫）第十四章「これでいいのか、日本の近現代史研究」を参照していただきたいのですが、他にも『それでも、日本人は「戦争」を選んだ』における加藤教授の戦間期のソ連や日本に関する記述には、不可解なものが多い。例を挙げましょう。加藤教授がトロツキーや戦前の日本共産党を高く評価するのはご本人の自由です。しかし、トロツキーが対独講和のブレスト・リトフスク条約を主導したと主張したり（事実はレーニンが主導、スターリンは数少ない当初からの支持者、トロツキーは反対）、教授が望ましいとする社会民主主義的改革に最も強硬に反対していたのが共産党（当時は社会民主主義者を主敵とする「社会ファシズム論」がコミンテルンから与えられた党是）だったことを無視していることは看過できません。改良は歴史の進展を遅らせ革命を阻害するという理屈です。日本共産党が暴力革命路線から転換するのは、スターリンの死後、一九五五年の六全協以降のことです。

国内では、たとえ内心おかしいと思っていても、東大教授に盾突く研究者はいないのかもしれません。とはいえ、東大の威光は日本でしか通用しないので、英語で書いたら、その事実認識の誤りを徹底的に批判されるだろう代物が大絶賛されるのを見ると悲しくなります。ひょっとして、加藤教授が日本学術会議会員に選ばれなかったのは、本人や支援者が考えているように主義主張が理由なのではなく、研究者としての能力が不十分であることを誰かが官邸に進言したからでしょうか。私ではありませんよ（笑）。

ともあれ、日本の近現代史研究者の多くが、読んでいるのかもしれませんが、外国語とくに英語以外の資料・文献をあまり参照していないようにみえます。

渡辺　米学者、チャールズ・A・ビーアドの『ルーズベルトの責任』（藤原書店）にしても、米国で刊行されてから半世紀後に、ようやく翻訳されました。

福井　オリジナルで読めればそれに越したことはないのですが、英書以外、あまり翻訳されないのもネックです。英語にも訳されていない場合も多い。戦間期から第二次大戦にかけての国際情勢をよりよく理解するため、英語圏以外の業績、たとえば、前述のシャイル、ボグダン・ムジアル（ドイツ語）、ミハイル・メリテュホフ、マルク・ソローニン、ウラジーミル・ネヴェージン（ロシア語）などの著作を、誰か日本語に翻訳してくれないでしょうか。ただし、二〇一一年に出たショーン・マクミーキン、バード大教授の『スターリンの戦争』（ベーシック・ブックス、未訳）は、ネヴェージン以外の上記四人を含め、独露の研究成果を取り込んでおり、ちょっと長いですが（英語本文六百頁超）一読を勧めます。

スペイン内戦に関しては、「人民戦線＝善、フランコ＝悪」の通説を粉々に打ち砕く、スタンレー・ペインの一連の業績は英語で読めますし、バーネット・ボロテンの『スペイン革命全歴史』『スペイン内戦（上下）』（晶文社）は翻訳されています。元毛沢東主義者のピオ・モアの『内戦の神話』（原文スペイン語、仏訳あり）はより論争的なスタイルで書かれていますが、ペインも高く評価しています。日本語では、色摩力夫元チリ大使の『フランコ　スペイン現代史の迷宮』（中央公論新社）。忘れてはならないのは、スターリニスト（共産党）以外の人民戦線勢力も議会制デモクラシーの観点からすれば決して民主的ではなく、それどころか暴力革命を志向し実践していたのに対し、内戦前に彼らにファシスト呼ばわりされていた右派勢力のほうが民主的であったことです。その点、反スターリン左派を肯定的に描いたオーウェルとは見解を異にします。

未だに横行する「日本悪玉史観」

渡辺　コロナ対策のワクチン強要ひとつとってみても、欧米の学者はリベラル思想に侵されていることがわかりました。もっと言えば、欧州全体が米民主党のようなリベラル思想に侵されています。どうして彼らはそこまで言論統制や思想統制をするのか。おそらくブレグジット（英国のEU離脱）がショックだったのではないでしょうか。トランプもブレグジット支持を打ち出した。だからこそ、トランプをあそこまで徹底的に叩いたのでしょう。

福井　英国の政治学者、リチャード・タック、ハーバード大教授のように、ブレグジットを支持する左派知識人も現れています。自国の労働者のことを考えれば当然でしょう。巨大なグローバル企業に利用されているだけではないか、という声も出始めているのです。

渡辺　そういう支持層の多くはトランプ支持者でもある。

福井　だからこそ、リベラル主流派メディアの攻撃は激しさを増しています。効果的な反撃を行うためにも、過去を多面的に理解することが必要です。歴史認識においては、戦争が終わって八十年近く経っても、「日本悪玉史観」「暗黒史観」がいまだに横行しています。それに対する反論にしても、残念ながら、日本の来し方に決定的影響を与えた当時の国際政治に関する海外の研究成果があまり反映されていません。そうした歴史認識の鎖国状態を一刻も早く打破せねばなりません。そうでないと、日本は再度、米中二大覇権国に翻弄されて、亡国の道を歩むことになるかもしれないのです。

ウクライナ侵攻も、米国や西欧列強とのかかわりも含めた東欧・ロシアの歴史をよく理解することで、簡単には白黒をつけられないものであることが理解できるのではないでしょうか。

「ルーズベルトの呪縛」から解放された「歴史認識」を

渡辺　私が思うに、バイデン政権は言ってみれば「頭の悪いフランクリン・デラノ・ルーズベルト（FDR）政権」ですよ。FDR政権のときは、まわりのスタッフはユダヤ系と共産主義者が牛耳っていましたが、バイデン政権もまさに同じ。その正体はユダヤ系、そしてフランクフルト学派やネオコンに牛耳られている疑似共産主義政権です。そんな政権が中国に厳しい政策をとるはずがないと考えるのが正常な感覚です。

福井　私はむしろ、共産主義者とネオコンはともにフランス啓蒙主義の系譜にあり、グランドデザインによって社会を作り直そうとする「設計主義的合理主義者」(constructivist rationalist)として、ある種、兄弟関係にあると考えています。ただし、フリードリヒ・ハイエクが指摘しているように、合理主義は一つではありません。もうひとつの合理主義、デイヴィッド・ヒュームに代表されるスコットランド啓蒙主義の系譜にある、理性の限界を自覚する「批判的合理主義」(critical rationalism)は、伝統や共同体と矛盾するどころか、その維持発展を支えるものなのです。

さて、ルーズベルト自身は、単なる政治的御都合主義にとどまらない、共産主義に対する一定のシンパシーはあったと思いますが、共産主義者だったとは言えないでしょう。ただし、彼は対外介入論者であり、だからこそ伝統的な保守派がルーズベルトに批判的なのに対し、ネオコンはルーズベルトを評価しているわけです。

渡辺　ルーズベルトには共産主義そのものを理解できる能力がなかったのです。『ルーズベルトの開戦責任　大統領が最も恐れた男の証言』(草思社)や『日米・開戦の悲劇　誰が第二次大戦を招いたのか』(PHP研究所)で、ルーズベルトを厳しく批判した孤立主義派の共和党議員だったハミルトン・フィッシュの証言によると、FDR

が本を読んでいる姿を見たことがないそうです。たまたま読書する姿を見つけたとき、何を読んでいるかを見たら戦記物だった。ただ、ＦＤＲが権謀術数に巧みだったのは間違いありません。

福井　エレノアを妻に選んだのも、その一環でしょう。上流階級の結婚が政治的なのは世の常ですが。

渡辺　エレノアはセオドア・ルーズベルトの弟の娘（姪）ですから、政略結婚だったのは間違いありません。結婚した当時のセオドア・ルーズベルトは大統領の人気は高かった。エレノアにしてもきな臭い。前にも述べたように、彼女は〝赤いファーストレディ〟と言われており、ＦＤＲとは仮面夫婦だった。彼女の愛人はロシア系ユダヤ人で米学生連盟の書記長だったジョセフ・ラッシュです。日本でいうかつての全学連のトップのような存在です。

一九三九年、下院非米活動調査委員会（マーチン・ダイズ委員長）では、ラッシュが喚問され、尋問を受けましたが、エレノアは左派の学生連中を傍聴席に引き連れて、ダイズ委員長を威嚇までしてラッシュを庇っています。

福井　ルーズベルトが打ち立てた今も続く戦後秩序は、経済や軍事のみならず、歴史認識にまで及んでいます。日本の言論をルーズベルトの呪縛から解き放ち、独立独歩の日本を取り戻すために、夜郎自大ではない、世界のなかの日本という視点から、過去を再検討していくことが必要です。

ロシアのウクライナ侵攻をめぐる、最新の「戦争プロパガンダ」を一つの教材として、現代史を論じ合った成果が本書です。読者が今の国際政治情勢のみならず、その歴史的背景について考察を深めるきっかけとなれば幸いです。

おわりに——米国ネオコンは二十一世紀のスターリニストだ　福井義高

ロシアのプーチン大統領をソ連の独裁者スターリンの後継者とみなす議論が、ウクライナ侵攻後、以前にもまして言論の世界でポピュラーとなっている。

しかし、真にスターリンの後継者といえるのは、世界が多極であることを前提に少数民族も含んだロシア国民の文化と伝統を重視するプーチンではなく、むしろ米国一極支配を目論む、リベラル介入主義者を含む広い意味でのネオコンなのである。

そもそも、スターリンとは何だったのか。黒宮広昭インディアナ大名誉教授は、「スターリンはロシア民族主義者（nationalist）ではなかった」として、こう指摘している（『スターリン』（ロングマン、未訳）。

「彼はロシアではなく、ソ連社会主義体制と、集団化された農業そして重工業と自己を同一化していた。ソ連体制は全くロシアではなかった」

「ほぼ確実に、スターリン体制を支えていたのは、この指導者にも指導される者にもある程度共有されていた信念(belief)であった。未来への信念、救済(salvation)への信念、社会主義の正しさへの信念、そして歴史の法則への信念。この信念がスターリンのテロルを正当化した。この意味で、ソ連というシステムは、スターリンをその神とする信徒組織(religious order)といえなくもない」

スターリンを本来の共産主義からの逸脱と見ることは正しくない。彼はレーニンそしてマルクスの正統な後継者であり、その「理想」を実現しようとした革命家であった。

渡辺惣樹さんが「はじめに」で指摘されているとおり、アーヴィング・クリストルら狭義のネオコンの初期リーダーたちは反スターリンのトロツキストであった。しかし、スターリンとトロツキーは全世界の共産化という目標では一致しており、そこに至る筋道がどうあるべきかについて見解を異にしていたにすぎない。トロツキーの

「永続革命」と対比されるスターリンの「一国社会主義」は、まず世界共産化の基地としてソ連を経済的軍事的に強化し、国際情勢を見て、各国を順次「解放」していくという革命戦略の一環であった。実際、革命家であると同時に現実政治家(Realpolitiker)であったスターリンは、目的に向かって着実に手を打ち続ける。そもそも、一国社会主義はスターリンの独創ではなく、ロシア革命後のボリシェヴィキの統一見解であり、レーニンはもちろん、トロツキーも含めソ連共産党の指導層は一国社会主義建設の可能性を確信していた。トロツキーが一国社会主義に反対を唱えるのは、自らが権力中枢から追われてからである。

米国を基盤にグローバル支配を目指すネオコンは、まさしく二十一世紀のスターリニストといえる。

レーニンとスターリンの連続性はともかく、遅れた農業国であるロシアでの共産主義革命はマルクスの革命理論からの逸脱であるという、よくある主張も正しいとはいえない。一八四八年にマルクスがエンゲルスとともに『共産党宣言』を公にしたとき、マルクスが革命の機運が高まっていると考えていた当時のドイツは、すでに工業化が進展していた英国とは異なり、ロシア革命時のロシア同様、まさに遅れた農業国であったことを忘れてはならない。

伊藤隆東大名誉教授が指摘するように、二十世紀の日本人は共産主義、社会主義、その鬼子であったナチズム、ファシズムの中で生きてきた（『日本の内と外』中央公論新社）。日本はスターリンが目指す世界共産革命の主たるターゲットの一つであり、各国共産党同様、日本共産党はスターリンに隷従するコミンテルン日本支部であった。行き過ぎがあったとはいえ、戦前の治安当局による共産主義者弾圧は、思想そのものを対象にしたものというより、基本的には外国（ソ連）に内通し暴力革命を目指す団体に対するテロ対策（counter-terrorism）と捉えることができる。今日では全否定するのが正統史観となっているけれども、除名されるまで三十年以上にわたり日本共産党の活動家だった兵本達吉氏が指摘するように、「今日から見れば、むしろ特高警察の方が、日本を守り、日本国民を暴虐な専制政治から守っていたと言えなくはないのであって」（『日本共産党の戦後秘史』新潮文庫）、スペインのフランコ政権同様、特高警察には功罪両面あったことを認識する必要があろう。

日本は共産主義革命家スターリンと正面から対峙していたのである。そのスターリンをロシア民族主義者として矮小化することは、我が国がかつては自主独立のプレイヤー、一九四五年以降は米国の「ジュニア・パートナー」としてかかわってきた近現代史の理解を歪めるのみならず、今日の国際政治を見る目を曇らせてしまう。二十世紀は、ある意味、スターリンの世紀であった。

オランダのスターリン研究者エリック・ファン・レーが指摘するように、スターリンは非近代的なロシアあるいはアジアの体現者ではなく、理性と進歩を旗印とする西欧近代の申し子なのである（『ヨシフ・スターリンの政治思想』ラウトレッジ、未訳）。

「スターリンは西洋の伝統と何の関係もなく、彼の死骸はロシアあるいはアジアの押し入れのなかで朽ち果てることがいずれ証明されることを、我々は願っている。しかし、残念ながら、そんな証明は不可能なのだ」

「スターリニズムは理性の啓蒙的ユートピア（Enlightenment Utopia of Reason）の終

わりではなく、その成就なのである。ソ連の独裁者は人類に大きな貢献をしてくれた。その実例でもって、スターリンは、合理主義がその計り知れない価値にもかかわらず、西洋の伝統が同時に作ってきた別の啓蒙的価値から孤立していてはならないことを示した。とりわけ、個人的自由によってバランスを保たれることがなければ、この解放の原理(liberating doctrine)は狂気となる」

今日、我々にとって真に危険な存在は、この解放の原理の狂気に翻弄された過去を反面教師として、祖国ロシアの再建を自らの使命とするプーチンではなく、この原理に取りつかれ、強大な軍事力を背景に自らの「理想」を全世界に押し付けようとするネオコンなのだ。今回の対談では、ロシアのウクライナ侵攻を題材に、渡辺さんと共有するこうした認識の妥当性を示せたのではないかと考えている。

付記:外国語文献引用に際しては、原則として拙訳を用い、既存訳を利用した場合のみ訳者名を明記した。

渡辺惣樹（わたなべ　そうき）
日米近現代史研究家。北米在住。1954年、静岡県下田市出身。東京大学経済学部卒。30年にわたり米国・カナダでビジネスに従事。米英史料を広く渉猟し、日本開国以来の日米関係を新たな視点でとらえた著作が高く評価される。著書に『日米衝突の根源1858-1908』『日米衝突の萌芽1898-1918』（第22回山本七平賞奨励賞受賞）（草思社）、『日米戦争を望んだのは誰か』（ワック）、『第二次世界大戦とは何だったのか』（PHP研究所）、『英国の闇チャーチル』（ビジネス社）など。

福井義高（ふくい　よしたか）
青山学院大学教授（大学院国際マネジメント研究科）。1962年、京都市出身。東京大学法学部卒。カーネギー・メロン大学Ph.D.、米国CFA。専門分野は会計制度・情報の経済分析だが、歴史に造詣が深く、英独仏露西の各国語文献を精力的に読破。その成果をもとに『日本人が知らない最先端の「世界史」』『日本人が知らない最先端の「世界史」不都合な真実編』（祥伝社黄金文庫）を刊行。

スペイン内戦《ないせん》からウクライナ戦争《せんそう》まで
「正義《せいぎ》の戦争《せんそう》」は嘘《うそ》だらけ！
ネオコン対《たい》プーチン

2022年８月15日　初版発行
2022年９月17日　第２刷

著　者　渡辺惣樹・福井義高

発行者　鈴木 隆一

発行所　ワック株式会社
東京都千代田区五番町 4-5　五番町コスモビル　〒102-0076
電話　03-5226-7622
http://web-wac.co.jp/

印刷製本　大日本印刷株式会社

ISBN978-4-89831-872-0